身体系個性化の深層心理学

あるアスリートのプロセスと対座する

老松克博

著

OIMATSU KATSUHIRO

tomi shobo

遠見書房

目次

身体系個性化の深層心理学

序章

心身のほんとうの調和へ向けて

近年、アスリートのパフォーマンスのレベルアップをめぐって「メンタルを強くしなければ」とか「メンタルを鍛える必要がある」などといった言葉を耳にすることが多くなった。そこには、心と身体の深い調和があってはじめて最高のパフォーマンスを実現しうる、という事実が反映されている。いわゆるメンタル・トレーニングがさまざまな競技で相応の効果を発揮していることも確かである。

しかし、そこで言われている「メンタル」は、はたしてほんとうに身体と調和する類のそれなのか。私は若干の疑問を感じる。コントロールする、操作する、といった身体への支配力を重視するあまり、心と身体とのしなやかでインタラクティヴな関係性から目を背けているように思われるのだ。身体は心に隷属するものではない。おそらくは、みずからの意志や望みを持っている。

本書の眼目は心身の調和にあるが、扱っていこうとしているのはその種の「メンタル」ではない。心が身体の発する囁きを聞き取り、対等な関係性を構築しながら、双方の思いの成就を目指すプロセスである。心にまで届くことがほとんどない、身体の深みからの声。そこに真摯に耳を傾け、受け入れるべきは受け入れ、要求すべきは要求する。そのようにして真に心と身体の両者が目的とするところへ向かう深層心理学の技法がある。

深層心理学とは、無意識というものの存在を仮定して心の仕組みを解明し、無意識から意識に間断なく浮上してくるイメージ（心像）を用いて心理療法を行なう学問である。いわゆるメンタル・トレーニングにおいてもイメージは利用する。しかし、そこで扱うのは意識が拵《こしら》えるイメージにほぼかぎられており、無意識由来のものではない。深層心理学は、一九世紀末に誕生して以来、病理的な心の解明に忙殺されてきた。けれども、今では、身体運用をめぐる臨床にも寄与しうる知恵が豊富に蓄積されている。

心と身体の調和というテーマが重要性を持つのは、アスリートと呼ばれる人々に限ったことではない。スポーツや武道を嗜んでいるすべての人にとって意味がある。テニス、野球、ゴルフ、バレーボール、ランニング、サイクリング、ダンス、登山、水泳、釣り、太極拳、合気道、居合道、弓道など、生涯にわたって楽しむ人は多い。ヨーガや気功などもその延長線上にある。これらを本書では「身体運用術」と総称しよう。もちろん、運動と縁のない人も、心身の調和を無視することはできない。現代における心身症の増加はそのことを物語っている。

二種類の個性化

本書でいう「深層心理学」は、スイスの心理療法家、カール・グスタフ・ユング Carl Gustav Jung（一八七五～一九六一年、図1）が確立したそれを指す。分析心理学ともユング心理学とも呼ばれる彼独自の心理学の体系においては、葛藤のもとになる内的な対立し合うものの合一（全体性の実現）が最大の目標とされている。人間が本来的に抱えている対立はまことに多岐にわたる。たとえば、意識的なものと無意識的なもの、男性的なものと女性的なもの、善なるものと悪なるもの、心的なものと身体的なもの……など、あげていけばキリがない。

図1　カール・グスタフ・ユング
（Jaffé, A., 1977 より）

あとの章でも説明するように、こうした対立は、人間が発達した自我を持って生きていこうとすれば否応なく発生してくる。私たちは、明晰な自我があるおかげで、ものごとを明確に価値づけし合理的に取捨選択できるのだが、劣っている（と判断された）ものもじつは不要なものではない。下等な微生物の働きが高等な生命の維持に不可欠であるのと似ている。それゆえ、その人が選び取って生きてきた半面と、価値なしとして切り捨ててきた半面との間に対立が生じ、そこに起因する葛藤や争いに巻き込まれることになる。

この葛藤は、個人内のモヤモヤから、家族や近隣との不和、同僚や取引先とのトラブルへ、さらには国家間、民族間、宗教間の紛争にまで発展しうる。自分のなかから排除した劣った半面を相手のなかに見てしまうからである。それゆえ、私たちは、みずからのなかの対立し合うものを和解させ、調和させていかなければならない。その軌跡こそが人の成長である。生涯にわたって続くこうした成長のプロセスをユングは個性化と呼ぶ（Jung, 1950; Jung, Franz, Henderson, Jacobi & Jaffé, 1964）。つまり、人が個を確立していくことだというのである。

対立し合うものの和解がなぜ個の確立と関係するのか。それは、顧みずにきた半面に、その人がそれまで育ててこなかった可能性、生きてこなかった可能性が含まれているからである。自分が持って生まれた可能性を部分的にしか生きていないなら、その人はまだ本来のその人になっていない。個として未確立である。比類のない可能性を十分に開花させてこそ、人は唯一無二の個になれる。だから、誰にとっても、自身のなかの対立し合うものにどう向き合うかが必須の課題になってくる。

ところで、この対立し合うものの一つに心と身体がある。心と身体は、どちらもひとりの人を構成する不可欠の要素でありながら、互いに異質で相容れない性質を有している。いうまでもなく、いちばんのちがいは、心が非物質的で不可視であるのに対して身体は物質的で目に見えることだろう。心と身体の対立がよくわかるのは、たとえば、身体があれこれ警告を発しているにもかかわらず無視して働き続けて倒れてしまうような場合、はたまた抑うつ的になっているためにいくら動こうとしても動けないといった場合などである。

したがって、心と身体の調和を目指す試みは個性化のプロセスの一側面といえる。そのとき人のたどりうるルートは二つあるだろう。一つは、心のほうから入っていって身体との和解に向かうルート、そしてもう一つは、身体のほうから入って心の統合へと向かうルート。従来、前者を中心に、また後者をもなんとなく含めて、漠然と個性化と呼んできた。心の専門家は一般に前者のほうにずっとなじみがあるからである。

しかし、これではちょっと大雑把すぎないか。私は、後者には後者の独自性があるように思う。そこを区別してみると、特徴がもっと見えてきて、その種の個性化の促進につながるのではなかろうか。ここでは、前者のルートを心系《こころけい》個性化プロセス、後者のルートを身体系個性化プロセスと呼ぶことを提案したい。アスリート、あるいはスポーツや武道やボディワークの愛好者は、基本的に身体系個性化プロセスを歩む人と見てよいだろう。

本書の目的と全体の構成

本書の主たる目的は、上述の身体系個性化プロセスに深層心理学の観点から光を当て、今まであまり注目されてこなかったユニークな特徴を描き出すこと、そして身体系個性化プロセスに対して深層心理学的な技法がいかなる寄与をなしうるかを示すことにある。くわえて、身体系個性化に対する親和性の高い人たちの持ち前の特性についても、なにがしか明らかにすることができればと考えている。

大雑把に言えば、本書の前半に相当する第一章から第四章までは理論編、後半にあたる第五章から第八章までは事例編となる。

第一章では、身体を通して個性化を促進しようとするさまざまな方法を概観しながら、各々が固有の身体観にもとづいて生の変容を目指していることを示す。また、そうした身体系個性化のプロセスに対して既存のスポーツ心理学がはたしてきた役割を紹介するとともに、その一翼を担ってきた従来のメンタル・トレーニングに大きな死角が存在することを明らかにする。

第二章では、以後の論の展開を理解してもらうのに不可欠なユングの深層心理学の要点を説明する。まずは、個性化はもとより、諸元型と集合的無意識を含む心の成り立ち、無意識由来のイメージが持つ癒しの力、そこに働く補償作用、セルフと呼ばれる元型の超越性など、文字どおり心の仕組みを中心とした説明を行なう。ついで、ユングが身体性ないし物質性を視野に入れて発展させた側面を解説する。すなわち、錬金術、煉丹術、クンダリニー・ヨーガの象徴学を参照しながら、無意識の最深部にある身体への移行領域（類心的無意識）、イマジナルな見えない身体としてのサトル・ボディなどに光を当てる。

第三章では、ユングが研究した身体系個性化プロセスの一つ、錬金術を検討する。錬金術書には、変容のプロセスが一連の挿画で表現されているものが少なくない。ここでは、有名な『太陽の光輝』（Henderson & Sherwood, 2003）を取り上げ、その二二枚の挿画を身体系プロセスが連続してたどる範型の数々として見ていく。そうした一連の範型は、武道・武術で身体や技を練っていく際に重視される「型」ないしは「形《かた》」に通じるものだろう。それらは、大きな変容のプロセスの象徴であると同時に、一つの世界観ないし宇宙論である。このことが本書後半の内容の鍵となる。

第四章では、ユングの創始した技法、アクティヴ・イマジネーションの基礎を紹介する。その理由の一つは、本書後半で扱うのがアクティヴ・イマジネーションの事例であること。そして、もう一つは、前章で紹介した錬金術がじつはアクティヴ・イマジネーションにほかならなかった（Jung, 1944）ことにある。この技法は治療のためのみならず、個性化の促進を目的として健常者にも使われる。「全体性を実現するユング心理学最強のツール」（Franz, 1981）と称されるだけあって、心系の人に対しても身体系の人に対しても強力に個性化を促進する。

第五から第八章で見ていくのが、まさにそのアクティヴ・イマジネーションの事例である。そこでは、ひとりのアスリート、Nさんに焦点を当てる。Nさんのイマジネーションの展開を、競技生活の苦楽、競技中の経験、生の変容などと照らし合わせ、心と身体が調和に向かうプロセスの機微を丹念に探っていく。同時に、このイマジネーションの展開が『太陽の光輝』の挿画に描かれた「形《かた》」の宇宙に符合していることも確認する。

第九章では、第五章から第八章で取り上げてきた事例におけるイメージとリアリティの特徴を抽出し、それらが、いわゆる「発達系」（老松、二〇一四）のあり方の特徴とおおむね一致することを明らかにする。すなわち、身体系個性化プロセスにおいては、「今現在」、「今ここ」に集中して生きる発達系的な要素が深化するようである。つまるところ、身体運用を洗練していこうとする試みは、発達系の特徴の一つとしての「祈りの深さ」につながっている（その意味で、身体運用術は「行」と呼ぶべきかもしれない）。そして、錬金術師もよく心得ていたように、アクティヴ・イマジネーションがそうした身体系個性化に資するところは大きい。

ユングは心系個性化と身体系個性化を区別していない。おそらくはユング自身が身体系個性化の傾向を強く持っていて、心系中心の者が身体系個性化プロセスに対して感じるような違和感を抱かなかったからである。しかし、身体系個性化プロセスは、心系個性化プロセスと並び立つ個性化二大ルートの一つであり、一方を他方に還元してしまうことは必ずしも可能でないし、おそらく望ましいことでもない。身体系個性化プロセスによらなければ経験のできない変容もあるのだ。そこで、身体系個性化プロセスが独自に存在する目的を問い直して、全体を締め括ることにしたい。

第一章　身体から展開していく個性化

個性化プロセスの両輪

個性化という語の意味については、すでに「序章」でも簡単にふれた。生涯にわたって続く、人の（主として心の）成長のプロセスのことである。この語は、ほかにも、さまざまな表現で説明できる。たとえば、人が集合的な価値観から脱して個になっていくプロセスであるとしてもよい。社会や時代や宗教が規定する支配的価値観、つまり外的な価値観にもとづいてではなく、みずからの内なる、しかもそれでいて独善的ならざる価値観にもとづいて生を歩むようになっていくプロセスである。

内なる価値観を持つのは容易でない。それは頭で拵えたり、知識から形成したりできるものではなく、意識のほとんど届かない心の深層にある知恵にアクセスできるようにならないと見出せないからである。個性化は、その意味では、意識の拡大であるともいえよう。意識と無意識との間にある深い溝を埋めるには、意識が抱えている偏見（価値観の偏り）を削ぎ落とさなければならないので、存外に難しい。

個性化とは、自身のなかにもともとあったのに気がついていなかった諸側面を意識化し、それらを生きることである。自分に秘められているさまざまな可能性を最大限に実現していくこと、自己実現のプロセスといってもよい。そして、「私」という存在のなかに含まれているワンセットの諸要素が細大漏らさず拾い集められ、本来の構成要素が何一つ欠けることなく揃った状態を「個」と呼ぶ。

個性化は、基本的に、心の成長をめぐって定義されてきた。それゆえ、身体やその活動は心が統合を図っていくべき一つの要素として考えられてきたという経緯がある。しかし、身体は心にすっかり収斂させうるものなのだろうか。考えようによっては、それとは反対に、身体の側から個性化のプロセスを考えたり説明したりすることもできるのではなかろうか。おそらく、誰しも、自分という人間の身体的存在に備わっている可能性のうちの一部しか生きえていないはずなのだから。

たとえば、ある身体運用のトレーニング（本書で身体運用術と総称していること）を重ねれば、その動きができるようになったり、それに見合った感覚が研ぎ澄まされていったりする。そのようにして自分の新しい身体を次々に発見していくことは、その人が個になるプロセスの一翼を担うと考えられる。みずからに備わっていた可能性を発掘して実現しようとする試みにほかならないがゆえである。

そして、そこではやはりメンタル、つまり心の関与も少なからず求められることになる。トレーニングを続けたり試合で実力を発揮したりするには心の持ちようが重要だから、というだけではない。無意識的だった身体の意識化がなされなければならないからである。人間の個性化である以上、本能的な動きを解放するだけでは充分でない。全身に行きわたる、人間的な意識が要請されるのである。こうして、身体の側から考える個性化にも、おのずから心という要素は入ってくる。

心の側からの個性化と身体の側からの個性化。この二つの入り方のうち、はたしていずれが本来的なものなのか。私は心の諸問題の治療を専門としている者だが、経験上、どちらのほうが重要とはいえないように思う。この二つの立場は車の両輪のごときものである。誰にとっても多かれ少なかれ両方が必要で、一方のアプローチが他方のアプローチによる進展を補助し促進しているように見える。

心の側からの個性化の試み、すなわち心系個性化は、一般的な心理療法やカウンセリングに代表されるが、さまざまな道筋をたどる。はじめのうちは快調に進むかもしれない。しかし、いつか必ず停滞や行きづまりが生じてくる。心の深層を意識化することの意味がわからなくなったり、現在地や方向性を見失ったりする。それはそうだろう。ずっと慣れ親しんできた生き方をすっかり捨てて未知の道を行くよう、おそろしく無慈悲に迫られているのだから。

私はいつも、心の側からの個性化に行きづまった人がしばしば（おそらくは無意識的に）とる行動に感心させられる。身体の側からの個性化、つまり身体系個性化の方法を探しだすのである。つまり、われしらず、何らかの身体運用術にチャレンジしてみたくなってくるのだ。すると、あら不思議。あれほど滞っていた心の作業が、ゆっくりとではあるが再び進展しはじめるのである。

身体運用術は個性化に資するか

先ほどから、身体運用術への取り組みが個性化の手段になると繰り返してきた。しかし、それが、実際のところ、どういうことを意味しているのか、具体的に思い描けない人が多いかもしれない。スポーツの苦しいトレーニングが人間性を形成するとか人格を陶冶するとかまことしやかに主張されているが、有名な元選手が新聞に載るような事件を起こすことも少なくないし、そう単純なものではなさそうである。

身体運用術がただの身体作りにとどまらず個性化の手段となるためには、じつはいくつかの条件がある。本書では、その点も含めて、身体系個性化のさまざまな様相を総合的に見ていこうとしているのだが、手はじめに、身体運用の試行錯誤が個性化につながっていることを垣間見せてくれるエピソードを示しておこう。個性化というものがどういうところで感じられ、どのような経験として立ち現れるか、ここでその断片なりとも知っておいてほしいからである。

この例は、ある女性からたまたま聞かせてもらって、たいへん心に残ったエピソードである。それはダンスにまつわる話だった。ダンスにも、社交ダンスからストリート・ダンスまでいろいろある。彼女が習っているのはフラメンコである。中年になってから、思うところあって教室に通いはじめたのだが、まだまだ日は浅く、初心者の部類に属している。若い頃からやっている人たちのようにはいかないが、基本をたいせつにする先生の指導のもと、真剣に練習に取り組んでいる。

練習は一回が一時間程度。そのメニューはといえば、まずストレッチを五分から一〇分しっかりやり、関節をゆっくりほぐす。ついで、手と足だけを使ってリズムを取る。ご存知のように、フラメンコでは、両手で拍手（パルマ）しながら、両足で床を激しく踏み続ける（サパテアード）。そのための準備である。これを一〇分ほど。それから基本のステップに移り、五分くらい続けたら、その日の課題となる振り付けを習う。あとは、それを繰り返しながら、身体の使い方を修正していく。そして、最後に、通しでおさらいをする。

初心者が相手だととくにそうなのかもしれないが、先生は、軸の作り方とその保持の仕方をめぐって身体運用の修正を相当みっちりやるのだという。人体模型まで持ち出して、骨格と筋肉についての説明も交えつつ。体軸の形成と保持は多くの身体運用術において重視されるが、フラメンコの場合には、あの特有のステップを踏むのに不可欠であるため、とりわけだいじにされているようである。

フラメンコのステップは、他のダンスにおけるステップとちがって、ただ単に床を踏んだり蹴ったりするのではない。足で大地をしっかりと掴んで固めるかのような、ほんとうに強いステップで、その奥深いパルマと同様、接触している時間が長い感じがする。つまり、フラメンコのダンサーは、目にもとまらぬような速さでステップし手を叩いていても、足が床を踏みしめている時間、右手と左手が密着している時間は一回一回が長いのではなかろうか。

そのような離れ業を高速で続けるためには、揺れない体軸と浮かない重心が必須となる。あのステップは特別である。あれには、もともと、大地の精霊を鎮めるための呪術、もしくはそうした精霊と交感して生を更新するための呪術といった意味合いがあるのではないかと思う。民俗色の強いダンスの所作にそのような含意があるのは、世界的にもけっして珍しいことではない。

深層心理学の立場からいえば、言葉の真の意味で地に足のついた生を生きることはじつに難しい。この現代の日本人女性は、もはやわが国では忘れられかけている人間と大地とのつながりに思いを馳せ、その絆を築き直そうとしているようにも見える。これはまさに、個性化の試みにそのまま通じている。なぜなら、個性化とは、光あふれる意識の領域と闇の無意識との間にある深い裂け目に架橋する試みでもあるからである。

フラメンコの練習が彼女の個性化にまちがいなく寄与していることを示唆する、興味深いできごとがあった。それは、本場スペインから、「伝説」とも称されるダンサーが初来日したときのことだった。彼女は後学のために、一観衆としてそのダンサーの公演に足を運んだ。中規模のその会場には人があふれかえっている。一般のファンも多いが、彼女のようにフラメンコのスクールに通っている生徒や関係者もたくさんいるようだった。

開演のブザーが鳴り、緞帳が上がる。舞台の照明のなかに立っていたのは、でっぷりと肥えた老婆だった。パンフレットの写真はかなり若い頃のものだったのか、大ちがいである。まさに伝説だ……。彼女はそう思い、がっかりした。ポーズをとって動かないダンサーをよそに、ギタリストはゆるやかに流れるような演奏に入り、歌い手もフラメンコ特有のしわがれた声を張り上げはじめた。

と、そのときである。ダンッ。老ダンサーが一足ステップを踏んだ。ただ一足。しかし、たったそれだけで、期待もせずぼんやり舞台を眺めていた彼女が号泣してしまうには充分だった。もはや彼女には、あとの演奏や歌はまったく聞こえてこなくなった。その一足の発した音の長く深い余韻は力強いのに成熟しきって枯れており、彼女は、老ダンサーが生きてきた苦難と情熱の道程そのものでいっぱいになったのである。

気がつくと、会場のあちらこちらから、ほかにも嗚咽やすすり泣き、深いため息が聞こえてきたという。個性化のプロセスをひとり孤独に歩んでいる者には、同じ道を歩みつつある者やずっと歩んできた者の苦悩と歓びが、テレパシーのごとく、直接にわかることがある。このとき生じたのは、そういうことだったのだろう。以来、彼女が生というもののなかに求める価値はまるっきり変わった。

身体系個性化であれ心系個性化であれ、ことは同じである。目の前の相手を見れば、たちどころにピンと来る。しかも、そのような相手との交感によって、互いにみずからのプロセスを前進させることができる。変容が一気に勢いを得るのだ。だから、私たちユング派分析家も、そのトレーニングの過程で、まずは自分自身がしっかりと個性化のプロセスを経験をすることが求められる。そうでなければ、今まさに同じく個性化の道に歩み出そうとしているアナリザンド（相談に訪れた被分析者）に寄り添い、ともに変容していくことはできない。

スポーツ心理学の現状

ここまでに述べてきたように、ユングの深層心理学の立場では、心のことであると身体のことであるとを問わず、その活動や作業がいかに個性化に寄与するか、いかに個性化と相俟って経験されるかを重視する。それによって、バラバラになりがちな心の諸要素が合一して機能すること、あるいは心と身体が調和した一つの全体となることが望まれる。心と身体の新しい次元がそこから開かれていくだろう。

ユング心理学は、全体性の実現という目的に役立つ、独自の体系を有している。そして、その体系には身体や物質までも射程に入れた驚くほど広い視野があり、他の諸体系の追随を許さない。次章でそのエッセンスを紹介する予定だが、それに先立って、従来のスポーツ臨床心理学にはいかなる立脚点とアプローチがあるのか、ざっと見ておくことにしよう。

スポーツ心理学にはいろいろな立場があるが、中心的な関心事が競技成績の向上であることはいうまでもない。恵まれた素質を持つ選手が厳しいトレーニングで身体の機能を極限まで高めていくと、最後に問題となってくるのは心の影響である。スポーツ心理学はそこに貢献することを目指す。そもそも、わが国のメンタル・マネージメントは、一九六四年の東京オリンピックの頃に自律訓練法や催眠で「あがり」を抑えようとした試みを嚆矢とする。今では、いくつかの資格制度も整えられるまでに発展している（日本スポーツ心理学会、二〇〇五）。

アプローチとして現在よく用いられているのは、スポーツを「学習」と見なす立場にもとづく認知行動療法的諸技法、リラクセーションを目的とする漸進的弛緩法や自律訓練法、動機づけの質を変えようとする目標設定技法、集中力の向上を図る呼吸法や作業法、望ましい心理的コンディショニングのためのイメージ・リハーサル、催眠現象を応用した自己暗示法（セルフトーク）などである。

一見してわかるように、これらはきわめて合理的かつ直線的なコントロール意識にもとづいて考案されている。ただわかりやすいし、ひとりでも行ないやすい。そのため、多くの競技で活用され、相応の成果を上げている。ただし、そこに限界があることもまちがいない。心にも身体にも、自我によってコントロールできる部分とできない部分がある。コントロールしようとしすぎると、かえって両部分の間に溝ができて関係が悪化し、肝心なときに思わぬ離反を招くこともありうる。

問題はそれだけではない。上述の諸技法は心身のいわば表層を扱うものであり、目の前のことに焦点を絞って、短期間で成果を出すことを身上としている。それゆえ、選手の競技成績に悪影響を与えているものが、生い立ちなどに関係する根の深い問題であるような場合、厄介なことになってくる。生活全般に及ぶその問題の影響のなかから競技に関わる部分だけを抜き出して扱うのはかなり難しい。

日々の厳しい身体的トレーニングでみずからを心身の限界まで追い込んでいく選手たちは、そうでなければ浮上してこなかったかもしれない自身の心の闇を目にしてしまいやすい（鈴木、二〇一四）。それゆえ、スポーツ・カウンセリングにおいては、選手間での嫉妬にもとづく不適応、指導者への依存や叛逆といった関係性のもつれ、競技中心で育ってきたことによる人格の歪みも扱わざるをえないし、発達障害傾向、摂食異常、怪我や故障に起因する不安、引退についての葛藤などにも遭遇する。

これらの問題は、表層重視の心理学理論では充分に対処できない。それゆえ、選手の身体と心の両面を全人的に捉えて生そのものを支えていくようなアプローチの必要性が一部では叫ばれてきた。そのための努力もなされはじめてはいる。しかし、スポーツ領域に身を置く心理の専門家は概して多忙で、臨床系の知識や技術を本格的に身につける機会は確保しにくいのが実情である。

深層心理学的イメージ技法で欲張る

スポーツ心理学でいう「イメージ」は、自我が意図的に拵えるものがほとんどである。非合理的な（と一般には思われている）無意識由来のイメージ、自生的なイメージはおおむね無視されている。教科書レベルでは紹介されていても、現場で実際にそれを扱えるスポーツ・カウンセラーは少ない。むしろ、深層心理学を専門とする者がスポーツ領域にも目を向けるほうが現実的なのだろう。

もちろん、種目によって、ふさわしいイメージ技法は異なる。以前、知り合いの心理療法家と話をしていて、たまたまスポーツの話題になった。彼の意見によると、スポーツには解離系のものとイメージ系のものがあるらしい。彼も、私と同じく、スポーツ心理学を専門としているわけではないが、たいへんおもしろい分け方である。その慧眼に感心したのを覚えている。

解離系のスポーツとは、競技中、頭のなかが空っぽになっていて、積極的に何かをイメージしたりはしない、というものである。マラソンが代表的だろうか。長い時間をかけて行なう種目が多いかもしれない。一方、自身の姿などを積極的にイメージしながら行なうのがイメージ系のスポーツである。こちらは器械体操など、スポーツ心理学の専門家がいう「メンタルなスポーツ」に属する、短時間型の種目が多いだろう。

一般的には、いわゆるイメージ・トレーニングを使いやすいのは後者である。自身のパフォーマンスの全過程をイメージでシミュレートしながら、細かく修正を重ねていく。前者の解離系スポーツについては、動機づけや認知面からのアプローチがふさわしいと考えるのが普通だろう。やれるという信念を形成する、合理的な方法を用いるわけである。これに対して、のちほど詳しく述べるように、深層心理学的イメージ技法は両方に用いることができ、どちらかといえば前者に向いているかもしれない。

さて、臨床心理学についての充分な研鑽を積んだスポーツ・カウンセラーは多くない旨を述べたが、それでも近年わずかずつ増えてきてはいる。なかでも、深層心理学的な素養のある稀少なスポーツ・カウンセラーにも注目が集まりつつあることは特筆に値する（鈴木、二〇一四）。そのようなカウンセラーは、競技成績も含む選手のトータルなあり方に、一つの確固たる観点から敬意をもって寄り添っていく。描画療法、箱庭療法など、多様な深層心理学的イメージ技法を駆使して、選手の生の本質的問題に踏み込んで解決を図るのである。

試合や合宿の合間を縫っての非定期的な面接になりやすいなど、通常の臨床現場でのやり方どおりに行かないことも多いようだが、この種のアプローチの必要性と有効性はもっと広く知られてよい。そして、活用されるべきである。そのためには、当事者である指導者や選手が深層心理学的な人間観や心身観にふれて、ものごとの見方や考え方を変えていくことが求められる。本書はそのために少しは役立つかもしれない。

競技成績が重要であることはいうまでもない。けれども、その競技生活が選手の生にとっていっそう意味深いものとなることが、それと同じくらい、いや、それ以上に価値を持つこともある。目の前の結果を追い続けているうちに生そのものが損なわれてしまう、という重大な危険を軽視してはならない。引退後の有名選手が身を持ち崩すのはそう珍しいことでもないではないか。

好成績はむろん求めるが、生そのものもたいせつにする――従来、矛盾し相反するとしてはじめから両立させることを放棄されていた、この二つの望み。まずは、それらを両方とも求めていくのだ、という意識改革がなければならない。とにもかくにも欠かせないのは、そのような土壌作りである。いま、徐々にではあるが、その胎動がはじまっている。

一見、相反しているようにしか思えない二つの望みを、はたしてどうすれば調和させることができるのか。たしかに難しい課題だが、そこから顔を背けないのが深層心理学である。次章で説明するように、対立し合うものの合一と調和こそ、深層心理学の最大のテーマにほかならない。スポーツを含む身体運用術はいかにすれば個性化に資するものになるのか、そしてどのように身体系個性化は進むのか、深層心理学の観点から見ていこう。

第二章　ユングの見出した心身の深層

心の三層構造と元型

深層心理学は、臨床の現場に持ち込まれるありとあらゆる事態に対応することを使命としているため、このうえなく実践的である一方で複雑きわまりない。本章では、そのような深層心理学のエッセンスをできるだけわかりやすく解説する。ここで取り上げるのはユング派の深層心理学（ユング心理学、分析心理学）である。ユング心理学は、深層のなかの深層、超深層ともいうべき領域になかんずく注目する。そして、じつはそこが身体との接点にもなっている。

意識が表層なら無意識は深層なのだが、その深層も少しだけ深いところと非常に深いところに分けられる。少し深いところを個人的無意識と呼び、非常に深いところを集合的無意識と呼ぶ。つまり心は、意識、個人的無意識、集合的無意識という三層構造になっている（図2）。意識の内容は個人に固有のものである。個人的無意識も同様だが、忘却されたり抑圧されたりして意識から漏れ落ちたものを内容としている。

個人的無意識の内容がその個人固有の経験に由来するのに対して、集合的無意識の内容は万人がはじめから

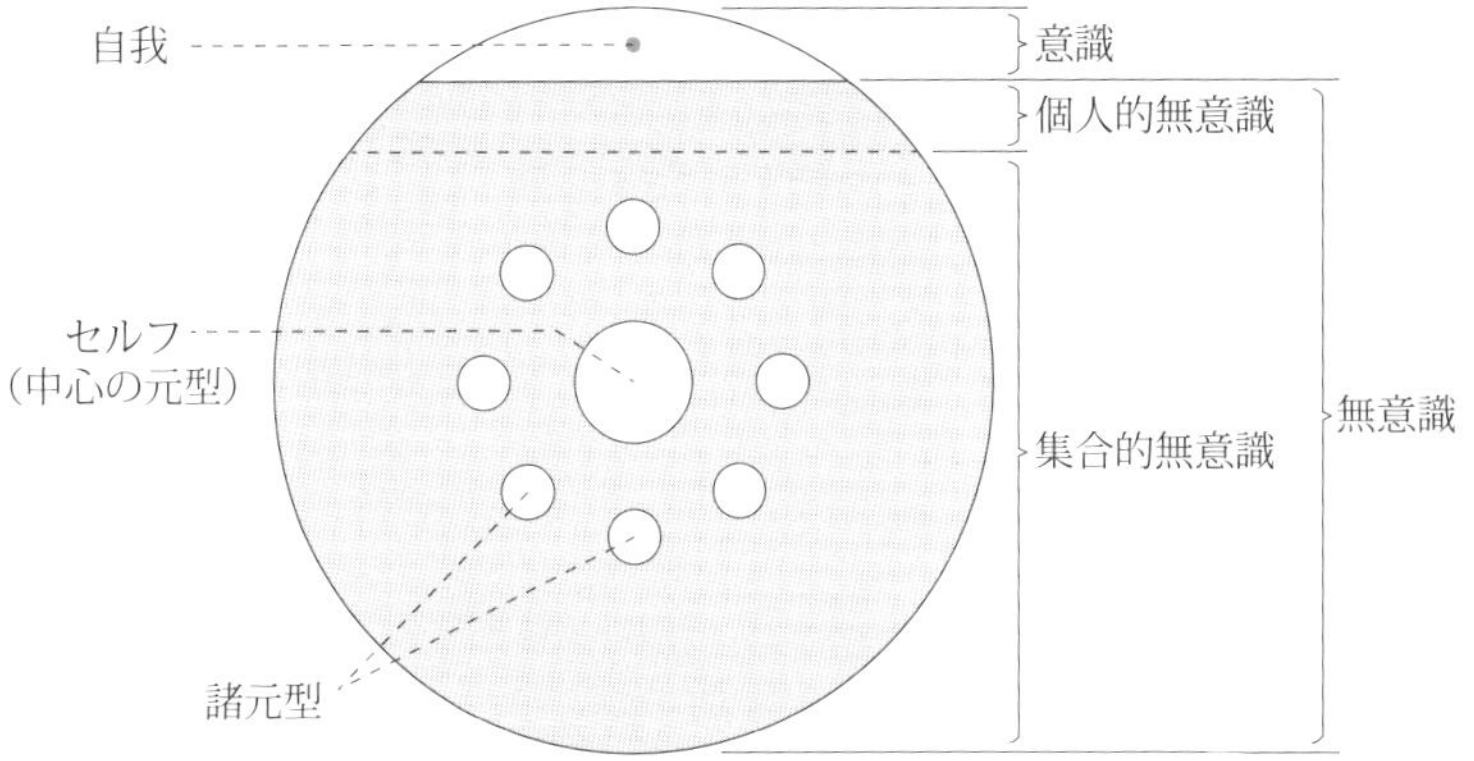

図 2　心の三層構造（老松，2011 より）

持って生まれてくるものである。「集合的」とは、「非個人的」、「超個人的」の意。集合的無意識の内容は誰もに共通で個別性はなく、誰のものであるという捉え方になじまない。集合的無意識なるものは一つしかないともいえるだろう。藪に生えている無数の竹が、地上ではそれぞれ別のものに見えるのに、じつは一つの地下茎でつながっているようなものである。

心の三層の比率はといえば、集合的無意識が圧倒的に厚くて深い。それに比べれば、意識や個人的無意識は薄っぺらである。心の大部分を占めているのは集合的無意識ということになる。人類がみな生まれつき持っている集合的無意識の諸内容の一つひとつをユングは元型と呼ぶ。元型には多くの種類があるが、代表的なものだけあげるとすれば、グレート・マザー（母親元型）、アニマおよびアニムス（異性元型）、老賢者（知恵の元型）、シャドウ（生きられていない可能性を表す元型）、セルフ（中心性ないしは全体性の元型）といったところだろうか。

元型とは、読んで字のごとく、もとになる型、範型《パターン》を意味する。人はみな、心の深層においては、そこにはじめから存在しているさまざまな範型に従うかたちでものを感じ取ったり考えたりしている。かたち定かならぬ内的イメージは、さまざまな元型によって定型的な姿を与えられるのであり、私たちはそのようにして姿をとったイメージを意識することになる。換言すれば、時代や場所に関係なく、人はものごとをこれこれこういうふうに経験し、これこれこういうふうに考える、といった型が深層に存在しているのである。

元型を理解するには、神話、おとぎ話、伝説などを見てみるとよい。元型的イメージが満載である。昔から伝えられてきた物語は、無数の人の心による彫琢を経ており、集合的な要素のみでできている。洋の東西を問わず、はじめて読んでも以前から知っていたような気がする、誰もの心の琴線にふれる要素しか残されていない。たとえば、わが国にもグリムにも「手なし娘」という、よく似た話がある。その類似は単純に伝播によるとは考えにくい。元型的イメージは同時多発的ないし異時多発的に姿を現す。

民俗行事や宗教儀礼なども元型的イメージの宝庫である。一例をあげるなら、世界中に見られる「異人歓待」の風習などはどうだろう。ふらりとやってきたよそ者を丁重に迎えるのである。そこには、じつは威力ある神の仮の姿である異人を歓待した者には幸運が訪れ、邪慳にした者には天罰が当たる、という元型的観念が伴っている。国や民族を問わず、昔から人の心はそのように考える傾向を有している。

元型的イメージは強い情動を惹起し、心も身体も同時に震撼させることが多い。元型の力には抗い難いものがある。しばしば超越的な存在としてイメージされるのもゆえなしとしない。神や仏、悪魔、精霊などのイメージである。それに比べれば、自我や意識はまことに卑小な存在なので、超越的な力の現前に出会うと圧倒されてしまう。そのため、自我は、瞬時に大きな変容を遂げたり致命的なダメージを被ったりすることがある。

ユングが元型という概念を思いついたのは、長期間にわたって入院生活を送っているある精神病患者の妄想がきっかけだった（Jung, 1916c）。ユングは、患者が生き生きと語った風変わりな妄想の内容が気になっていたのだが、数年後にはじめて翻訳出版されたある古代宗教の祈祷書に記されている内容とほぼ一致していることを発見した。その祈祷書のことを患者自身が知っているはずはなかった。人間の心は時代や場所を超えて同じ元型的イメージを経験するのである。

もっと卑近なところでは、夢、想像、芸術表現などにもたくさんの元型的イメージが現れている。夢には、集合的無意識由来のイメージばかりではなく、個人的無意識由来のイメージもある。ただし、個人的な経験から組み立てられたかのように見えるイメージでも、全部が全部、個人的無意識由来とはかぎらない。個人の夢の場合、元型的イメージであっても、神話やおとぎ話に出てくるときのようには個人的付随要素が削ぎ落とされていないことが多いからである。個人的無意識由来か集合的無意識由来か区別するには、そのイメージが意識に与えた負荷の程度、すなわち情動をどれほど揺さぶったかを見る必要がある。

元型の両極性と無意識による補償

元型的イメージを経験することがたいせつなのは、それが夢見手に癒しや救いをもたらすからである。この作用は元型に特有の性質に負うところが大きい。特有の性質とは、元型の両極性のことである。それが、矛盾し相容れない二つの面をつなぐ。不可能を可能にするのである。グレート・マザーと呼ばれる母親元型を例として、元型の両極性が持っている意義を説明してみよう。

たとえば、母親が虐待的だったために母性的な温かい愛情を経験することなく成長した、という人が少なからずいる。そして、おとなになってからも母親に対する葛藤を抱えていて、慢性的な抑うつ感や無気力に苦しんでいることがある。夢分析をすると、やはり薄情で冷たい母親イメージが頻出し、恨みと絶望は深まっていく。ところが、それがついにどん底まで達したときに、奇跡は起きる。夢に慈母が登場するのである。現実では一度も経験したことがない母親のやさしさに、生まれてはじめてふれるのだ。

この体験がそれまでの見方を一瞬にして反転させる。つまり、それをきっかけに、彼の思いは、語られることのなかった母親自身の深い傷や悲しみへと向きはじめるのである。内なる母親の悲しみと彼自身の悲しみが不思議に重なって、激しい恨みは鳴りを潜め、もはや互いに赦し赦されるほかはなくなっていく。あれほど強烈で支配的だった母親の否定的側面が、常識的には相容れないと思われる肯定的側面と一つになるといってよい。

どの元型にも両極性がある。つまり、元型は対立し合う二つの側面からできている。母親元型の場合、一方の極は、子どもを養い育むよき母親としての側面。そして、もう一方の極は、子どもを呑み込んだり見捨てたりする、恐ろしい母親としての側面である。否定的な内的母親像にずっと蹂躙されてきた人であっても、一定の条件が揃うと、それまで見ることのできなかった肯定的側面が一気に姿を現す。母親元型は個人の経験に先立つものなので、実際の成育史がいかに悲惨なものだったとしても、肯定的な養い育む側面を必ず内包している。それがいっさいを変容へと導く。

このような諸元型の両極性に支えられて、無意識は、苦悩する意識（自我）に癒しや救いをもたらす。これを、意識に対する無意識の作用という観点から見るなら、そこには補償と呼ばれる非常に重要なメカニズムが働いている。無意識由来のイメージは、だからこそ、個性化のプロセスの進展に寄与し、全体性の実現を目指す心本来の志向性を支えることができる。その様相を詳しく述べるなら、次のようになる。

意識あるいはその中心たる自我（「私」）の発達は、人類の進化の歴史そのものであり、他の生き物に対する絶対的優位をもたらしてきた。しかし、心全体から見ると、意識の領域はきわめて小さいので、自我は心全体の中心ではありえない。無意識の圧倒的な巨大さを考えれば、セルフと呼ばれる無意識の中心がおおむね心全体の中心である。それゆえ、自我は無意識とセルフを尊重しなければならない。

ところが、ふつう、実態は異なる。自我はみずからの視野に入る領域（意識）だけが世界であると思い込んでいるため、その彼方の広大なほんとうの世界を無視して、自分本位にふるまう。自我の独裁は、遅かれ早かれ、心全体の世論と対立するようになる。自我は、もともとは心の一部でありながら、心全体を敵に回す。ここから、神経症をはじめとする、多くの心の諸問題が生じてくる。

自我は現実への適応に辣腕を振るうのに忙しい。最新の情報をもとに合理的に判断し、効率的に対処しようとする。これは私たちが生きていくうえでたしかに役に立つ。しかし、自我のそのような態度や価値観によって切り捨てられてしまう、矛盾に満ちた人間らしいものが多くなることもまちがいない。自我は非常に歪《いびつ》に育っているし、ひどい偏りを抱えている。このあたりの事情は、キレのよい科学がまことに役に立つ一方で自然を破壊し人類の生存を脅かしていることとパラレルである。

集合的無意識は、人間の個体発生においても系統発生においても、意識が誕生するずっと前から存在している。したがって、古くからのさまざまな考え方や見方の大収蔵庫である。そこには自我の偏りを補償するものが含まれている。無意識由来のイメージはその偏りを正し、均衡を回復させようとしているのである。自我の側では、この無意識による補償的なメッセージをしっかりと受け取り、みずからの方向性の修正に真摯に取り組まなければならない。ところが、妙薬は口に苦し。それは容易ならざることである。

無意識からの補償的メッセージが拒まれれば、心は病む。神経症はそのような補償不全の状態である。しかし、補償が成功すれば、意識と無意識を隔てていた深い溝が埋められ、心が一つの全体として機能するようになる。対立をこうして架橋する心の働きをユングは超越機能と呼ぶ（Jung, 1916a）。そのとき意識は無意識の知恵をわがものとし、高次の意識へと生まれ変わる。意識は不断に偏りを生ずるので、この作業に終わりはなく、自我は「死と再生」を繰り返す。これこそが、個性化のプロセスという心の成長の営みである。

ある夢におけるイメージの象徴性

今さらながらだが、本書で「イメージ」と呼んでいるのは、心像のこと、つまり内的に構成された像のことである。イメージには、意識が意図的に拵えるものもあれば、無意識から勝手に浮かび上がってくるものもある。後者はみずからの意志に従って自律的にふるまう。これが個性化のプロセスには欠かせない。元型そのものは直接に経験できないが、無意識由来のイメージの象徴性が元型の両極性を自我ないし意識にもたらす。象徴は多義的で、かつ明瞭に表現できない未知なる要素を含むからである。

無意識由来のイメージの象徴性がよくわかるのは、やはり夢においてではなかろうか。夢を見ているとき、自我の機能水準は下がっており、覚醒状態でのように思いどおりには行動できないが、それでもそこでの自我（「私」）自身の考えや行為は意識に由来するイメージである。これに対して、夢のなかの「私」以外のいっさい、つまり空や海や大地、風や天気、人物や動植物、石ころや建物などの無生物、怪物やお化けや神や悪魔、そして光も音も匂いも熱も振動も、無意識由来のイメージと考えてよい。

これら無意識由来のイメージの数々は、自我のコントロールを受けることがない。それらの自律的なふるまいは、たいてい自我を困惑させ窮地に追い込む。そこに無意識からのメッセージが含まれている。つまり、自我のわがままな目論見を挫いたり考え直させたりして、価値観や判断の偏りをカウンターバランスしようとするのである。無意識由来の象徴的なイメージは、補償的なメッセージを伝え、対立を架橋するために発信されている。

一例として、ある男性アスリートの夢を示そう。重要な試合の当日、彼はどういうわけか、上半身はフリルのついたかわいい女物の衣装を着て会場にいる。こんな格好では出場できないと焦るが、本来のユニフォームは見つからない。そのうち、試合ははじまってしまう。みんなに奇異な目で見られる。相手チームの選手と激しくぶつかり合っているうちに、女物の衣装は破れてボロボロになり、彼はいつしか上半身裸で闘っていた。試合は、接戦のすえ、味方が勝利をおさめた。彼は男泣きに泣く。――以上のような夢である。

その頃、このアスリートは、チームメイトとのトラブルがもとでひどく自信をなくし、いくぶん自暴自棄になっていた。基本的に男性の種目であるこのスポーツに取り組むには当時の彼の態度がふさわしくないことを、無意識は女装というイメージで自我に突きつけ、その変更を迫っている。夢見手の焦りはよくわかる。彼はそれではじめて、本来の男子用のユニフォームを探しはじめた。ここに、無意識由来のイメージによる補償作用が見て取れる。

無意識は自我の男性性に疑問をぶつけている。自我はそのことに気づいた。しかし、だからといって、現実にはチームメイトとのトラブルを簡単に解消できるわけではないし、すぐに自信を取り戻せるわけでもない。どうしろというのか。意識と無意識の立場には相容れないところがある。そこで、「男泣き」という、対立を架橋するイメージの登場である。女装は奇異な目で見られるが、男泣きはそうではない。夢はこういっているかのようである。自信を失うことそのものは悪くない。葛藤から逃げて自暴自棄になり、せっかくの成長のチャンスを中途半端に捨ててしまうのがだめなのだ、と。

この夢では、夢見手の男性性の弱さが問題になっていた。それが女装というかたちで現れていたが、男性ばかりのこのスポーツにおいて女性的なものはまったく欠如しており、アンバランスも甚だしい。チームメイトとのトラブルにしても、女性的なもので表される受容性がもっとあれば免れることもできたかもしれない。女性性を軽んじるな、ちゃんとした男性性を育てるにはちゃんとした女性性を持たないといけない、とも夢は言っている。ことほどさように、象徴としてのイメージは多義的である。

わが国の神話には倭健《やまとたける》という英雄がいる。彼は父親である帝から疎まれ、立て続けに試練を課される。九州の服《まつろ》わぬ民、熊襲《くまそ》の征服もその一つである。彼はおそらく捨て鉢な気持ちを抱えて、熊襲の地に乗り込む。熊襲の宴に彼は女装して現れ、敵が油断しているところでその衣装を脱ぎ捨てて討伐し、英雄となる。神話は元型的なものである。この神話の元型的モチーフは何か。それは、男性性が立ち現れる前には女性性ないし非男性性が強調される段階があり、それが真の男性性を育む苗床になる、ということである（河合・湯浅・吉田、一九八三）。

若いアスリートは自分の夢を理解し、チームメイトの言い分を受け入れた。以前は、そうするのは自分が負けることのように思っていたが、実際に受け入れてみると、むしろそのことが彼の度量の広さを示すものとして理解され、周囲からいっそうの信頼を得る結果となった。無意識はこうして、夢の元型的イメージを通して意識の偏りを補償しようとし、そこに秘められていた象徴性が対立し合う両者の間を架橋している。前に用いた表現を再び使うなら、不可能を可能にするのである。

ユングの心身観の発展

ここまで、ユングの深層心理学を、心の変容という側面にほぼ特化した切り口で概観してきた。ユングの体系は、しかし、心に深い関心を払いながらも、驚くほど身体にもこだわっている。深層に降りていけばいくほど、心は身体とつながっているからである。ここからは、ユング心理学における身体に関する側面を見ていこう。

ユングの深層心理学と身体運用術は非常に密接な関係にある。それは一九七〇年代のいわゆる人間性回復運動を見てもわかる。アメリカ西海岸を中心にして起きた、この運動は、それまで欧米で圧倒的に優勢だった心身二元論を補償するものだった。心身二元論ゆえに切り刻まれてしまった人間本来のあり方を、あるいは断絶してしまった他者や自然との絆を、東洋の心身一如の概念などを取り入れて再生させようとする試みである。

このとき思想的背景として大きな影響を与えたものの一つが、ほかでもない、東洋の知恵を重視するユングの深層心理学である。そして、東洋由来のさまざまな身体観や身体運用術もまた大きな柱となった。座禅、気功、太極拳、合気道などである。この流れの一部がのちに、人間性心理学、トランスパーソナル心理学、ソマティック心理学（久保、二〇一一）などに発展し、ユングの体系とは関係のないところで構築された諸種の身体論やボディワークとともに、ホリスティック（全人的）な人間観にもとづく心理学や心理療法の体系を豊かにしてきた。

さて、特異な心身観で知られるユングだが、その端緒となったのは、若き日におけるコンプレックスの発見である（Jung, 1906）。コンプレックスとは、心のなかのさまざまな表象やイメージがある元型的な核のまわりに集まって、一つの塊となったものをいう。心のなかには多数のコンプレックスが存在する。たとえば、母親元型を核として、母親にまつわるあれこれのイメージが集まったものは母親コンプレックスと呼ばれる。必ずしも、俗にいう「コンプレックス」のことではないので注意されたい。

ユングはコンプレックスを発見するとともに、それらの一つひとつに独立した人格に近い自律性があることを突きとめた。つまり、諸々のコンプレックスは、自我による意識的なコントロールを受けずに勝手に動き、自我の円滑な活動を妨げたり、発汗や動悸など、自律神経系に対して生理学的な影響を与えたりするのである。ユングのこの研究が現在のポリグラフ（嘘発見器はその一種）へと発展した。

一九四〇年代までのユングは、基本的に心の観点から人間のあり方を理解しようとしていたので、身体にまつわるイメージが心的にどのように経験されるかを重視している。つまり、身体の元型的イメージを探求したのである。とくに熱心に研究したのは、グノーシス主義、クンダリニー・ヨーガ、錬金術、および中国の錬金術である煉丹術の象徴学だった。これらは、身体系個性化の概念へとつながる、ユングの貴重な遺産である。

グノーシス主義（Jung, 1916b; Rudolph, 1977）はキリスト教の異端ともいわれるが、別ものと考えるほうがよいかもしれない。「グノーシス」とは知識の意で、宇宙の本質に関する神的な知識を指す。そこでは、いかにして魂が霊の世界からこの物質の世界へと落ちてくることになったか、いかにしてその魂がバラバラになって諸々の物質（身体を含む）に閉じ込められることになったか、いかにして閉じ込められた魂が解放されうるか、そういったことが説かれている。

クンダリニー・ヨーガ（Jung, 1996; Krishna, 1967; Leadbeater, 1927）は瞑想を中心とするヨーガである。行者は、通常の目に見える身体（グロス・ボディ、粗大身）にぴったり重なって存在する見えない身体（サトル・ボディ、微細身《みさい》）を観想し、骨盤底で眠っているクンダリニーという蛇を覚醒させる。そして、この蛇が頭頂部まで這い上がって、配偶神であるシヴァと結合するプロセスを経験していく。途中、蛇は（背骨に沿って）チャクラと呼ばれるエネルギー中枢を七つほど通過していくが、行者はそのたびに超常的な力が発揮できるようになり、頭頂部にある最後のチャクラで結合が生じると解脱するとされる。ユングは、諸チャクラを意識の古い在処の痕跡と見なし、それらを次々とたどっていくプロセスを個性化の象徴と考えた。

錬金術については、あとであらためて詳しく述べるが、卑金属から貴金属（黄金）を生み出す技術、あるいは第一質料から哲学者の石（賢者の石）を製造する技術である。この作業は、グノーシス主義に似て、物質からの霊の解放と同一視されることもある。そしてまた一方では、クンダリニー・ヨーガに似て、王と女王を結合させるプロセスとしても説明される。ユング（Jung, 1944）は、錬金術の瞑想的な側面について、錬金術師の心理的変容（個性化）のプロセスが物質の化学的変容のプロセスに投影されて経験されたものであるとした。

以上が一九四〇年代までのユングだが、一九五〇年代以降、その心身観は大胆かつ仮説的なものへと発展していく。そこでのキーワードは「類心的」（Jung, 1952, 1954c）である。これは psychoid の訳語で、「心（psyche）のような（-oid）」を意味する。ユングはこの語を、類心的無意識、類心的要因、類心的領域、類心的なもの、などというふうに使う。この概念は、やはりユングの独創的な仮説である共時性（Jung, 1952）と密接なつながりがある。

類心的な領域と共時的な心身

ユングは「類心的」という概念についてのまとまった解説は書いていないが、共時性ともども、若干の推測を交えながら見ていこう。類心的無意識に関してなされる説明は、次のようなものであることが多い。心の表層から深層へ向かって探求を進めていくと、意識から個人的無意識に、ひいては集合的無意識に至るが、そこからさらに降りていこうとすれば、もはや心理学的とも生理学的ともいえない領域、心と身体の区別が困難な領域となる。それを類心的無意識と呼ぶ（Jung, 1954c）。以上のような説明である。

これはこれで正しいのだが、少し不正確で、誤解を招きかねないところがある。というのも、無意識の領域は、下方のみならず、上方にも広がっているからである。下なる無意識もあれば、上なる無意識も存在する。前者は、未分化なものどもが混沌とした闇のなかで蠢く、冥界的な穢れた領域。後者は、清浄で光あふれる、神的ないし霊的な領域である。

無意識が両方向に広がっているため、ユングはときに心を光のスペクトルに譬える（Jung, 1954c）。可視光線の範囲に相当するのが心の領域である。そのなかで、紫色に近い領域が上なる無意識、赤色に近い領域が下なる無意識になる。そして、それよりも外側、つまり人間の目では捉えることのできない紫外線域、赤外線域にあたるのが類心的な領域である。

類心的な領域は心の外側の上下二方向に広がっており、下方は本能に、上方は元型につながっている。もう一歩進めて、下方は物質に、上方は神霊《ヌース》につながっていると考えてもよい。下方の類心的領域は、心と物質（身体）が融合的で未分化である状態を含んでいる。のちに両者が分化して心が立ち現れてくるようになる、それ以前の状態である。上方の類心的領域は、心と神霊《ヌース》が統合されて一体化した状態を含んでいる。

ユングは当初、元型は集合的無意識の構成要素であるとしていた。一方、晩年になると、元型は類心的であると述べるようになる（Jung, 1952, 1954c）。ここには若干、矛盾がないだろうか。元型が集合的無意識の構成要素なら、類心的というより心的なものだと思われるからである。しかし、元型は直接に経験することができないとされているし、心と霊（精神）と身体に同時に影響を与えることをも考え併せると、やはり単に心的なものとはいえない。無意識内、つまり心的領域に存在しているのは元型的イメージの数々であり、その外側の類心的領域にあるのが元型であると考えるほうが理に適っているかもしれない。

類心的領域の概念は心と身体のつながりを考えるうえで欠かせない。ユングは心と物質（身体）の間で共時的な現象が起きることに注目し、類心的要因が共時性を支えているとする（Jung, 1952）。共時性とは、因果関係のない複数の事象間における意味のある偶然の一致を指す。不思議な偶然は心理療法のなかでもしばしば生じるもので、人がそこから受けるインパクトは無視できない。それだけで、頑固な症状が消えたり生き方が変わったりもする。

「偶然」とは、因果関係がないことをいう。そして、ならば無関係なのだと考える。しかし、それは必ずしも正しくない。私たちは因果律を過剰に重視しているため、短絡的に「因果関係なし＝関係なし」と思い込んでしまうが、ユング（Jung, 1952）は、因果的な連関とは別に、意味というものを介して感じられるもう一種類の連関が存在するという。非因果的な連関の原理、それが共時性ないし共時律である。

おじいさんが亡くなったときに愛用の時計が止まる、というのが一つの好例である。多くの人は、ただの偶然だと思いつつも、そこになにがしかの意味を感じるだろう。ユング（Jung, 1952）のあげている例はおもしろい。ある頭の固い女性アナリザンドが黄金虫の夢を見たと報告し、ユングと古代エジプトのスカラベ（太陽と太陽神を象徴する黄金虫の類）をめぐって語り合っていたまさにそのとき、窓に黄金虫が飛んできた。この不思議な偶然を機に、彼女の頑なな態度は一気に変わったという。臨床の現場では共時的な現象の生起とそれがもたらす変化に驚かされることが少なくない。

そのような変容が生じるのは、無関係だと思っていたあれこれの間にじつは見えないつながりがあり、粗大《グロス》な物質世界とは異なる次元のサトル（精妙、微細）なネットワークのなかに編み込まれていることが直観されるからである。世界は一つだったのだ。そのとき、世界は意味のつながりによって構成し直され、従来とはまったく異なるものになる。換言するなら、世界が意味に満ちたものになるのである。

もっとも、世界全体を包む巨大な意味のネットワークが一気に意識化されるのは稀である。いっさいが突如ただならぬ意味に満ち満ちて迫ってくれば、人間は平静ではいられまい。精神病や発達障害を抱えている人の一部はそのような極限的な恐怖を経験するが、一般の人は共時的な現象の生起に不断に気づくわけではないし、せいぜい三つか四つの事象間のことだろう。一なる世界の微小な一点しかわからないのは、むしろ幸いなことである。それならば、圧力にも耐えられるし、肯定的な変容を経験しうる。

身体をも含む物質は心（意味）に添い、心は身体に添う。類心的要因を背景とする共時性の発見は、革命的な心身観をもたらすことになる。心と身体が共時的な関係にあると主張したのは、ユングの高弟、カール・A・マイアー Carl Meier である（Meier, 1986）。心身相関の問題は古くて新しい。心身二元論か、一元論か、はたまた東洋的な心身一如か。ユング派の到達した答えは、心身一如に近い、共時的関係ということになる。私たちが個性化のことを探求していくにあたっては、類心的無意識と共時性の問題を避けて通るわけにはいかない。

第三章　「形《かた》」の宇宙

錬金術書『太陽の光輝』

ユングは、共時性や類心的無意識へと考えを深めていく前段階として錬金術の象徴学を研究しており、以後も最晩年に至るまでそれを続けた。つまり、彼のなかでは、錬金術の象徴学への関心と類心性の概念が共存し重なり合っていた。この事実は重要である。身体系個性化プロセスという私たちのテーマに示唆を与えてくれるにちがいない。そこで、しばらく錬金術の象徴学について見ていこう。

ユングは錬金術書を博捜し、それらを駆使して持論を展開した。錬金術書に記されている難解な文言、つまり物質の不可解な化学的変容プロセスが、じつは錬金術師の心の心理学的変容プロセスを表している、というのである（Jung, 1944）。錬金術師は自身の内的な変容プロセスをフラスコのなかの物質の外的なそれに投影して見ていたのであり、彼らの目指していた黄金や哲学者の石（それでふれれば卑金属が黄金に変わるとされる最終物質）は最高の価値を持つ内なるもの、すなわちセルフだったことになる。

この場合の錬金術は化学実験のようなものではなく、瞑想ないしは観照である。とりわけ一六世紀後半以降は、そのような内向的錬金術を旨とする錬金術師が少なからずいた（Franz, 1979）。この特殊な瞑想は、ユングの用語を使うなら、アクティヴ・イマジネーションの一種と見なしうる（Jung, 1955/1956; Franz, 1979）。次章で説明するが、アクティヴ・イマジネーションとは、ユングが開発した個性化のためのイメージ技法である。ここでは、このアクティヴ・イマジネーションこそ、第五章以降で扱うあるアスリートが心身の一致へのプロセスを歩んだ、まさにその方法だったことだけを述べておこう。

ただし、厳密には、錬金術師が内的な心のプロセスを外的な物質のプロセスに「投影」していたとはいえないかもしれない。むしろ錬金術師は、類心的な領域を探求していたのではなかっただろうか。つまり、純粋に心でもなく純粋に物質（身体）でもない、まったく未知の不可解な領域がそこに開かれていたのではなかっただろうか。だとすれば、錬金術の象徴学は、心身の調和をめざす身体系個性化の研究に寄与するものとなる。

ユングは錬金術に関して、『心理学と錬金術』（Jung, 1944）、『結合の神秘』（1955/1956）といった大部の研究書をものしたほか、『転移の心理学』（Jung, 1946）、『哲学の木』（1954a）、『ゾシモスのヴィジョン』（Jung, 1954b）といった小著、パラケルスス関連の小論文（Jung, 1942）などをいくつか書いている。しかし、無数の錬金術書からの短い引用がひしめき合っているものが多く、特定の錬金術書をめぐって詳細に論じた著作は少ない。その数少ない例の一つが『転移の心理学』で、これは『哲学者の薔薇園』*Rosarium Philosophorum* という中世ヨーロッパの有名な錬金術書の一部を引用しながら、分析的心理療法における二者関係を論じたものである。

そういう事情なので、ユングの書いたものにばかり頼っているのでは難しそうである。私たちの目的に合う錬金術書を自力で探してきて、読み解いていかなければならない。そこで、今から取り上げようと思うのが、サロモン・トリスモジン Salomon Trismosin なる錬金術師が一五世紀末に著した『太陽の光輝』*Splendor Solis* という書物である（Henderson & Sherwood, 2003）。これは、のちの多くの錬金術師の手本になったといわれている。トリスモジンはドイツ語圏出身の人物と思われ、この書も、錬金術書としては珍しくドイツ語で綴られたものである。

ここで『太陽の光輝』を選ぶ理由は二つある。一つには、一連の美しい挿画が添えられているため、変容プロセスがヴィジュアルに楽しめるし、錬金術書特有のジャルゴンに深入りせずにすむからである。そして、もう一つには、ユングの高弟ジョゼフ・ヘンダーソンJoseph Hendersonらによる有用な解説書（Henderson & Sherwood, 2003）があるからである。ユングは『太陽の光輝』に関して、その心理学的重要性において『哲学者の薔薇園』に次ぐ名著と考えていたらしい（Henderson & Sherwood, 2003）。そのとおりだと思う。なにしろ、『太陽の光輝』が教える知恵を知っていると、第五章以降で取り上げるアスリートの個性化プロセスが格段に理解しやすくなるのである。

『太陽の光輝』は、何度も模写や複製がなされて流布したため、いくつかの写本が残っている。なかでも格別に美麗なのは、大英図書館に収蔵されているハーリー・コレクションHarley Collectionのなかの写本（Harley, 3469）で、一六世紀末に作成されたものと思われる。画家は不明である。この書は序文と七つの論説からできている。一方、挿画を中心にして見るなら、はじめに一一枚の挿画、次に七枚の挿画、最後に四枚の挿画がそれぞれ一つのまとまりを成す。挿画には三つのシリーズがあるわけである。

七つの論説には、哲学者の石の性質や製造の手段、そのプロセスなどが、有名な先達の言を縦横無尽に引用しながら綴ってある。第三論説の終わりまでに挿画の第一シリーズが入っており、とりわけ、先達にまつわる寓話をもとに作業《オプス》を論じた第三論説の部分に、一一枚中の七枚が集中している。そして、第四論説に第二シリーズ、第五論説に第三シリーズが付されており、それ以降に挿画はない。

『太陽の光輝』は全体がイマジナルで観照的とも言えるが、挿画の三つのシリーズのちがいをあえて述べるならば、第一シリーズは、錬金術師の実験室でなされる多少とも外的、物質的な作業とそのプロセスに焦点があり、第二シリーズは、より内省的で哲学的な錬金術になっていく。さらに第三シリーズになると、錬金術特有の奇異な象徴と日常的な風景との重なりが印象的で、日々の生活こそが錬金術であることが示されている。身体に注目している私たちにとっては、第一シリーズの一一の場面が参考になるだろう。

『太陽の光輝』第一〜第三の挿画

これから、『太陽の光輝』の挿画の第一シリーズを見ていこう。それぞれの挿画について、描かれているものと含意を順に述べていくが、そのつど断っていなくとも、上述のヘンダーソンらの著書(Henderson & Sherwood, 2003)をおおいに参考にしながら私なりに解釈をして提示するものである。また、紙幅の制限があるため、説明を必要最小限にとどめざるをえないことも付言しておく。

このシリーズを構成する挿画は以下のように並んでいる。一枚目から順に、①病んだ太陽と健やかな太陽、②旅に出る、③内なる探求、④王と女王、⑤黄金を採掘する、⑥哲学の木、⑦溺れる王、⑧エチオピア人(黒い人)、⑨両性具有者、⑩黄金の首、⑪浴槽の錬金術師、である。本書では扱わないが、第二シリーズと第三シリーズについても各挿画のタイトルくらいはあげておこう。第二シリーズは、①竜の心臓、②三羽の鳥たち、③三首の鳥、④三首の竜、⑤孔雀、⑥ミューズ、⑦内なる光としての新しい太陽。第三シリーズは、①暗い太陽、②遊ぶ子どもたち、③女たちは洗濯をする、④旅の終わり、である。

さて、第一シリーズだが、まずは第一の挿画「病んだ太陽と健やかな太陽」(図3)である。挿画全体が動植物をあしらった枠で囲まれていて、上側の縁には金文字でArma Artis(術の紋章)と書いてある。画の中央部分、建物のなかに下がっている垂れ幕のなかの紋章は、明るい太陽、黄金の冠、頂に三重の三日月のついた古い兜、不気味な太陽の描かれた楯などから成っている。古い兜や楯の部分は崩壊しつつあるが、黄金の冠と明るい太陽のところに「術の紋章」の本質があるようである。垂れ幕の背後、建物の外にはふたりの人物がいて会話をしてい

図3　第一の挿画「病んだ太陽と健やかな太陽」（Henderson, J. L., & Sherwood, D. N., 2003 より）

る。一方は錬金術師、他方はその弟子だろう。その向こうには町のある丘、さらに彼方には山々が描かれている。

旧来の支配原理や価値観がもはや行きづまっている状況では、これまでの日常から飛び出して、遠方への旅をしなければならない。危うい不安な旅ではあるが、そのような旅に出て無事に帰ってきた先達が現れて、助言をくれる。葛藤によって心が引き裂かれ、自我が病んではいても、残っている健康な部分が旅を乗りきるための力を発揮するだろう。黄金の王冠は、やはり黄金色の太陽と照応する、未来の支配原理の予感である。ただし、それは月（自我とは対立する性質を持つもの）からの助力を必要とするのだが。これらいっさいは、自然という器のなかでの自然のプロセスとして展開していくことになる。

第二の挿画「旅に出る」（図4）に移ろう。ここでは、裸足の男が、密封された蒸留瓶を持って慎重に歩いている。その内部には透明の液体が入っており、瓶の首に巻きついている黒いリボンには、「私たちは四元素の本質を探している」とある。彼の背後の道は曲がりくねって彼方へと続き、海へと至っている。画の周囲にはやはり枠があり、動植物が描かれているが、なかでも孔雀、牡鹿と牝鹿が印象的である。

錬金術では密封された容器が重視される。心理療法の場合と同じく、そこで扱うべき問題を見定めて、その焦点に内向的に注意を集中させるためである。錬金術の要諦は「解きて結べ」という格言に極まるが、これは、混沌としている未分化な原料（第一質料、つまり卑金属）をいったん四元素——土、水、火、空気——へと分解してから正しく再結合させることにより黄金ないしは哲学者の石にせよ、という意味である。内的に最高の価値を持つもの（セルフ）に至るには、いまあるものを壊さなければならない。

　第三の挿画は「内なる探求」（図5）である。鎧を着た騎士は、黒、白、黄、赤の四色の胸当てをしており、兜には七つの星が見える。彼は抜き身の剣と赤い旗を持って、二つの噴水盤の上にまたがっている。噴水盤の一方には黄色の噴水を出す小便小僧、他方には銀色の噴水を出す小便小僧がいて、二種類の液体が混ざって田園へと溢れ出ている。騎士の持つ旗には、金文字でこう書いてある。「二つの水が一つになり、それによって太陽と月を作ろうとする。この敵対し合うものたちからできる葡萄酒を飲む準備をせよ。さすれば、汝は死者たちと経験をともにすることになろう。ただちに水気の多い土を作れ。そして、かの石を増殖させせよ」。周囲には、やはり自然の動植物を描いた枠がある。

図4　第二の挿画「旅に出る」（Henderson, J. L., & Sherwood, D. N., 2003 より）

　自我は英雄の働きをしようと決意している。英雄の働きとは、諸元素を解放したのちに対立し合うものを一つにすることである。そのプロセスは、錬金術師の言う、ニグレド（黒化）、アルベド（白化）、キトリニタス（黄化）、ルベド（赤化）という変遷をたどっていくこ

図5　第三の挿画「内なる探求」
（Henderson, J. L., & Sherwood, D. N., 2003 より）

とになる。ここでは、対立とその超克の努力が黄色と銀色の液体で表されており、錬金術的には硫黄と水銀（太陽と月）である。ただし、いまだ現実生活の次元でその成果を求める心性にとどまっている。七つの星は、しばしば七段階で構成されるイニシエーションと関係があり、もはや後戻りのできないところへ歩を進めようとしていることがわかる。

第四～第七の挿画

第四の挿画は「王と女王」（図6）である。土の塊の上に立つ女王の頭上には月、火の上に立つ王の頭上には太陽がある。ふたりは、自分の表地と裏地が相手のそれらと反対になった装束を身につけている。王は不安そうな表情をしており、女王は落ち着いているように見える。ふたりの間に見える背景には、二つの村を往来する人々が描かれている。女王の持つ巻物には「処女の乳」とあり、王の笏のリボンには「男性的なものを凝固させよ」とある。動植物の枠の上部には「個別のもの」、下部には「個別のものを含む普遍の道」と記されている。この枠全体が台座の上にのっているのははじめてのことで、左側には「トロイア戦争におけるアキレウスとヘクトル」、中央には「アレクサンダー大王と怪物バジリスク」、右側には「アレクサンダー大王と瞑想中の哲学者ディオゲネス」のレリーフが見える。

ここは対立し合うもので満ちており、従来の支配原理を表す王は不安気である。しかし、王と女王の衣装がじつは同質であること、両者の間に人々の往来が描かれていることから、対立が合一に向かう可能性も示されている。処女の乳は哲学者の石を養う。そして、男性的なものの凝固。ここには、錬金術の金言「解きて結べ」がある。融通のきかない頑なな態度は軟化させ、未熟な人格には強さと硬さを与えなければならない。枠の上部には自我が、下部にはセルフがほのめかされており、この個人的な経験が同時に元型的なそれでもあることがわかる。台座に描かれているのは、詳細は割愛するが、横暴で外向的な男性性の優位から秘められた内向的で女性的な価値への移行が生じる可能性である。

図6　第四の挿画「王と女王」（Henderson, J. L., & Sherwood, D. N., 2003 より）

第五の挿画「黄金を採掘する」（図7）に移ろう。黄金色の服ないしは靴の小人ふたりが採掘の作業をしており、採掘坑の周囲や植物には黄金色の光彩がある。川面に映った月の舟が作業を見守っているが、空に太陽が見える一方で遠くに嵐も見える。ここでは、画の全体が黄金色の円いフレームのなかにあり、台座にのっている。それには、ドラゴン、子ども、裸婦、半人半獣などの精巧な細工が施してある。台座の中央では、旧約聖書「エステル記」のアハシュエロス王とエステル妃（女王）の和解の場面がいま現に繰り広げられて

図７　第五の挿画「黄金を採掘する」
（Henderson, J. L., & Sherwood, D. N., 2003 より）

いる。王が女王の願いを聞き入れて、それまでの女性蔑視とユダヤ人迫害をやめる場面である。

地下へと掘り進むことは、無意識が提示してくる諸々のイメージを捉えて地上（意識）へと持ち帰る作業の繰り返しを意味する。しかし、それらの真の価値に気づくには、権力の座にある男性的支配原理が、これまで排除してきた女性的な観点を受け入れることが不可欠である。下方の無意識のなかでは、第四の挿画における王と女王の出会いの結果として、そうした動きが活発になっているらしい。月の舟による静かな見守りがあることや、枠と台座に自然の動植物とはちがうイマジナルな存在が多く見られるようになったことも、同様の傾向を示唆するものと思われる。

次は、第六の挿画「哲学の木」（図８）である。中央にある一本の木は、黄金の枝や葉を持っている。黒衣の若者が七段の梯子を登り、黄金の枝を折り取って、地上にいるふたりの聖職者のうちの一方に手渡す。ふたりの聖職者は、第四の挿画の王と女王に似て表裏の反転した赤と白の衣装をまとっている。黄金の枝が折り取られるとき、黒と白の鳥たちが樹冠から飛び立つ。一羽は頭の白い鴉である。木の根もとには王冠があり、根も黄金に輝いている。そこには地下に源を持つらしい小川があり、下方の浴槽に噴水を通して流れ込んでいるように見える。

図８　第六の挿画「哲学の木」（Henderson, J. L., & Sherwood, D. N., 2003 より）

浴槽には裸の女たちがいて、黄と赤の衣装の女たちの世話を受けている。挿画全体を囲む枠は劇場のようになっており、桟敷席からも下の階からも王を含む男たちが女たちの入浴シーンをひっそり眺めている。

　錬金術では、人格の成長や変容を木の象徴で表すことがあり、それを哲学の木と呼ぶ。ここでの木の王冠はそれゆえのものである。なお、「哲学」とは錬金術を意味する。自我はニグレド（黒化）の段階にあったが、七段の梯子で示されるイニシエーションを通して何らかの知識を獲得し、それを地上に降ろして実体あるものにしようとしている。このとき、白頭の鴉で象徴されているように、彼はアルベド（白化）の段階に進む。聖職者たちは、より内省的で、ルベド（赤化）の段階にある。深層から湧き上がる知恵の水は哲学の木を育てるとともに、浴槽に流れ込む。水は、第三の挿画のように田園にではなく、文化的コンテクストのなかに流れ込みはじめ、現行の優勢な文化が地下的な自然の恵みを取り戻す。男たちは、舞台上で湯浴みする女たちを見て、気づくのだ。これまで抑圧してきた非常識と思われるイメージが、じつはまったく別の高次な意味を有しているらしいことに。

　第七の挿画は「溺れる王」（図9）である。前景には中性的な若い王が、啓示的な白い鳥ののった黄金の林檎を持って立っており、背後の谷間は洪水で、男性的な年老いた王が溺れている。若い王の頭上では柔和な太陽と明けの明星が光を放っているが、老王には雲から暗い光が射しているだけである。若い王は

図９　第七の挿画「溺れる王」（Henderson, J. L., & Sherwood, D. N., 2003より）

鉄、銀、黄金の三重の冠を戴いているが、ローブが大きすぎるのが目立つ。枠はこれ以降、再び自然の動植物になり、下部には、裸婦とサテュロスを襲う男のレリーフ、襲う男を止めようとする別の男のレリーフがある。

　ここでは、支配的な価値観の交代が生じかけている。因習的な旧来の支配原理は死にかけており、新しい支配原理が誕生しつつある。このソルティオ（溶解）の作業が示しているのはいわゆる「死と再生」のモチーフだが、死や崩壊への不安は強い。今のところ、若い王は未熟で、自分のローブを踏んで転ぶかもしれない。新しい態度や価値観はすぐには使いこなせないので、旧来のそれへ逆戻りしてしまうこともある。だが、若い王の冠は、鉄が銀へ、さらには黄金へと変容していく可能性を暗示している。鉄はしばしば男性的な荒々しい激情や攻撃性を表す。しかり、レリーフに見られるように、ここでの再生は、蔑視してきた女性的なものに対する男性的な敵意や罪悪感から自我を救済することになる。

第八～第一一の挿画

さて、第八の挿画は「エチオピア人（黒い人）」（図10）である。泥のなかから男が上がってきて、赤いローブを差し出す女王のもとへ向かおうとしている。男は胴体と脚が黒いが、右腕と頭は赤く、左腕は白い。そして、全身が淡い黄金色に輝いている。一方、女王は銀の六芒星のついた黄金の冠を戴き、青いマントを羽織り、白い翼がある。彼女のスカートは非常に長い。

錬金術師は、水銀を融けた硫黄に混ぜるとできる黒い物質を、エチオピア人またはムーア人と呼んだ。このニグレド（黒化）の状態は、将来のアルベド（白化）、ルベド（赤化）を潜在的に含んでおり、重要である。それは、生の暗い側面、排除された側面、生きられてこなかった側面であり、ひどく否定的に感じられ厭わしい。ユングのいうシャドウである。しかし、今まで遠ざけてきたものこそが根本的な成長や変容の鍵であり、無意識の闇から救い出す必要がある。第七の挿画の若い王や白い鳥は清らかすぎて、いわば絵空事だった。真の変容には、穢れに満ちた否定的なものが欠かせない。若い王がエチオピア人になれれば、白い鳥は翼のある女王になる。六芒星は、上向きの三角（火）と下向きの三角（水）という対立し合うものの結合である。こうしたアニマによる助けがなければ、個性化のプロセスは成功しない。

図 10　第八の挿画「エチオピア人（黒い人）」
（Henderson, J. L., & Sherwood, D. N., 2003 より）

第九の挿画は「両性具有者」（図11）。遠くまで見渡せる小高い丘に立っているのは、赤と白の翼を持つ、美しい両性具有者である。胴体は一つで、黒いチュニックとタイツ

図11　第九の挿画「両性具有者」
（Henderson, J. L., & Sherwood, D. N., 2003より）

の正装をしているが、頭は二つある。一方は男の頭で、黄金色の後光が射し、他方は女の頭で、銀の後光が射す。両性具有者は左手に卵を、右手には凹面鏡のような楯を持っており、そのなかに周囲の風景が映っている。

　ここには、男性と女性といった対立し合うものの合一がある。この作業ないし現象はコニウンクティオ（結合）と呼ばれる。錬金術では、卵には四元素が含まれているとされており、それらが一つの全体性をなしている。鏡のなかの世界は外なる世界とまったく同じだが小さい。そこには大宇宙（世界）と小宇宙（人間）の照応ないし一致が象徴されている。こうして、作業は、全体性の成就にかなり近づいているように見える。しかし、まちがえてはいけない。両性具有者の黒い衣装は、挿画八のエチオピア人の黒さがまだ変容しきっていないことを示しているし、対立し合うものの合一といっても頭が二つあってはやはり不自然だろう。これは未熟なセルフの姿であり、いまだ現実とは距離がある。

　続いて、第一〇の挿画「黄金の首」（図12）には、宮殿の敷地内での無惨な殺人の光景が描かれている。加害者は浅黒い顔の男で、透けて上半身の見える白いチュニック姿である。右手には剣を持ち、左手には斬首したばかりの黄金の頭を握っている。被害者のほうは全裸で、首ばかりか、両腕、両脚も切断されて横たわっており、断面には赤い肉と白い骨が見える。その白い肉体は、加害者の透けて見える上半身と奇妙に似ている。背景の宮殿にはドームがあり、ひとりの男がその建物の開いた玄関に入っていくところである。枠の下部のレリーフには、太古の時代の女神と男神の出会いが彫られている。

この殺された男は、第九の挿画の両性具有者のもう一つの姿なのだろう。あの結合は時期尚早で不完全なものだったので、それでよしとするわけにはいかない。にもかかわらず、対立し合うものの真の結合へと至る過渡的なあり方として、たいせつに温めていく必要がある。そのままでは、いたずらにもてはやされて掻き乱されてしまいかねないプロセスを守るために、シャドウのような男は黄金の首を切り離して、真の結合の条件が整うまでそっと隠しておくことを選んだのだ。セパラティオ（分離）およびモルティフィカティオ（致死）の作業である。ここでもまた「解きて結べ」。必要なのは、ドームの下での内的な生である。

図12　第一〇の挿画「黄金の首」
（Henderson, J. L., & Sherwood, D. N., 2003 より）

最後に、第一一の挿画「浴槽の錬金術師」（図13）である。宮殿の中庭に竈があって、そこには浴槽が据えられており、ふいごで風が送られている。その手前には、黄色い気体が封じ込められたアレンビック（蒸留用のガラス容器）が置いてある。浴槽には裸の錬金術師がつかっており、苦痛の表情を浮かべているように見える。彼の頭には白い鳥がいる。上方から見ている男女がおり、女のほうはフラスコを持っている。左方に

図13　第一一の挿画「浴槽の錬金術師」（Henderson, J. L., & Sherwood, D. N., 2003 より）

ある柱脚には、鍛冶神ヘパイストス（ウルカヌス）の彫刻が見える。

　ここにきて、錬金術師の作業は、いっそう内向的で瞑想的なものになった。そのほうが、元型的なものがしっかりと顕在化しうる。ヘパイストスの孤独な鍛冶の作業から真に価値あるものが作り出されるように。それは自我のいっそう大きな苦痛を伴うが、真の変容への道である。浴槽は「死と再生」のための子宮。そこでスブリマティオ（昇華）の作業がなされると、浄化されたものが揮発して白い鳥になる。新しい具体的な精神的態度や価値観の出現である。第七の挿画の白い鳥は王のもとに上方から降りてきたかのようだったが、ここでは卑しい存在から生まれ出ている。これこそが、混沌たる第一質料から抽出された霊的な哲学者の石である。

「形《かた》」の力

『太陽の光輝』における錬金術の展開を、挿画を通して追ってきた。その主たる目的は、第五章以降で論じる臨床事例の個性化プロセスの理解に役立てることにある。しかし、その前にもう少し考えておくべきことが残っている。物質を視野に入れた個性化プロセスに関して『太陽の光輝』の挿画が有している意義についてである。

『太陽の光輝』の大きな特徴の一つは、本章で紹介してきたような美麗な挿画である。ユングが最高の錬金術書に位置づけている『哲学者の薔薇園』にも一連の挿画があって、その点、共通している。いや、この二書にかぎらない。とりわけ中世ヨーロッパの錬金術書には印象的な挿画を伴うものが多数あった。『太陽の光輝』はその代表のようなもので、繰り返し模写されて広まった。

では、これらの挿画は何のためにあるのか。錬金術の思想や要諦をイメージとして伝えるためにほかならない。同じく錬金術書といっても、内向的、瞑想的なものになるほど、挿画が多く利用されたようである。瞑想を活発化させるのに有効だったからではなかろうか。瞑想に既成のイメージを用いるのは珍しいことではない。そのことは、たとえば仏教における曼荼羅図のことを考えてみてもわかる。

曼荼羅図は密教的な宇宙観や真理を図像化したものとされる。それゆえ、密教の教えを説くのにも用いられるが、掛け軸や敷物として修行の場に置かれ、瞑想の補助具としても使われる。もともと、曼荼羅図のイメージは、いにしえの修行者が瞑想のはてに直観的に感得したものだった。つまり、本来は瞑想の終着点だったといってよい。それが、のちの時代になると、瞑想を正しく効率的に進めるべく、瞑想の出発点として使われるようになった。いわば、瞑想のガイド役である。

ユングは、自身が危機的な状態にあったときに、曼荼羅図のことはまったく知らずに、よく似たイメージを描いていた。円と四角形を基調とする、対称的な幾何学図形のイメージを。それがなぜか癒しの効果を持っていたからである。彼の患者たちのなかにも同様の経験をする人たちがいて、それが変容の画期をなしていた。ユングはのちに、東洋の曼荼羅図の存在を知って非常に驚き、自分の経験したものを「マンダラ」と呼ぶことにした(Jung, 1929, 1971/1987)。

ユングは自然発生的なマンダラにこだわった(Jung, 1929)。ユング以外にも、そうでなければ意味がないと考える臨床家は少なくない。しかし、マンダラにおいても、曼荼羅図と同様に、ガイド役としての使い方があってよいのではなかろうか。何年か前には、ユング派のスザンヌ・F・フィンチャー（Fincher, 1991）によるマンダラ塗り絵が注目を集めた。あらかじめ印刷されているマンダラ図形に彩色することで癒しの効果を得ようとするものである。それ以外にも、黒木賢一のマンダラ描画法（黒木、一九九九、二〇〇二）、森谷寛之のマンダラ画法（森谷、一九八六）など、ユング派に近い心理療法家たちがマンダラ的要素をはじめから組み込んだ描画技法を編み出し、一定の効果をあげてきた。

『太陽の光輝』や『哲学者の薔薇園』の挿画の一連のイメージも、個性化における普遍的プロセスを示し、そのガイドとなっている。これがもっと宗教寄りになれば、キリスト教徒がロザリオを繰りながら行なう「十字架の道行き」の観照や、イグナティウス・ロヨラによる「霊操」の一連の黙想などにも近くなるだろう。そこで経験されるのは、ユングの用語でいうなら全体性であり、一つの宇宙《コスモス》、秩序ある世界である。

となると、繰り返し模写複製されてのちの錬金術師のガイドとなったこれらの挿画を、一連の「形《かた》」（あるいは「型」）と見なすこともできるかもしれない。武道・武術などでいう「形《かた》」である。派手な乱取り形式の試合などに隠れてあまり目立たないが、武道・武術の核心部分は「形《かた》」にある。古武術の多くは「形《かた》」の稽古を繰り返す。かつての武者たちはほとんど「形《かた》」の稽古だけを繰り返して戦場へと赴いた。

本来、「形《かた》」は、達人と名人の戦いをなぞるものである。達人と名人が向かい合えば、両者とも完璧に構えるので、そのままでは埒があかない。そこで、達人は一カ所だけ隙を作って罠を仕掛ける。名人はそこを攻撃する。達人は待ってましたとばかりに、その攻撃をかわし、名人に生じた隙を突く。名人が攻撃体勢に転じたがゆえに守れなくなった急所を攻撃するのである。しかし、名人のほうも、それは百も承知。達人がそこに反撃をくわえてくることは読んでいる。そこで、今度は、達人に生じたわずかな隙を名人が……。そういう繰り返しで「形《かた》」はできている。

ふつう、こういう「形《かた》」が何本か、たいていは十数本ワン・セットになっている。「形《かた》」とは、その総称でもある。では、「形《かた》」を学ぶとき、それはどのように経験されるものなのか。私の実感を一言で述べるとしたら、奇異ということである。とくに、古武術の「形《かた》」、あるいは現代武道における古流の「形《かた》」については、その感が強い。理由としては、現代人の身体運用の仕方が昔の人とはちがったものになってしまっている（松井、二〇一一）ことがあげられる。くわえて、もう一つ、私には理由として思い当たることがある。

この古い「形《かた》」への違和感には、たしかに覚えがあるのだ。伝統の祭や儀式に残っている奇妙な風習、昔話や神話でよく遭遇するどこか特有の不可解な展開、そういったものを目にしたときに経験する違和感に酷似している。しかも、そのような習俗や伝承に接し続けているうちに、気がつくと、あれほど強かった違和感が雲散霧消してしまっていることまで、そっくりである。いや、違和感が消えるだけではない。反対に、どこかしら懐かしさすら感じ、どうしてもそんなふうでないといけないという思いに駆られはじめるのである。

考えてみれば、古い「形《かた》」は、神話や昔話と同じく、無数の人々により長い時を経て伝えられてきている。神話や昔話に諸元型の心的な側面が含まれているのだとしたら、古武術の「形《かた》」には諸元型の身体的な側面が含まれていてもおかしくはない。元型的なものは矛盾や対立をはらんでおり、その内容は太古的なもので、自我の合理的な意識にとっては一般的に不可解である。「形《かた》」は「型」でもある。それは、文字どおり、元「型」に通じるものであり、心と身体の中間にある。ここで類心的という表現を使うのもよいだろう。

第四章　アクティヴ・イマジネーション

アクティヴ・イマジネーションへの臨み方

最前から予告しているように、本書では、次章以降、あるアスリートの身体を中心とした個性化プロセスを見ていく。ここまで、その理解に必要なユング心理学の心身観を紹介してきたが、あともう一つ、アクティヴ・イマジネーションについて解説しておかなければならない。それはユングが開発したイメージ技法の一つで、全体性を実現するユング心理学最強のツールと称されている（Franz, 1981）。無意識と意識が直接に出会う唯一の技法だからである。

アクティヴ・イマジネーションでは、想像（イメージすること）による物語の生成を試みる。つまり、意識（主人公である「私」）が無意識の世界に入り込んでさまざまな関わりを持っていくと、結果として、一編の物語になるのである。ユング（Jung, 1945/1956）の慧眼が看破したように、錬金術はアクティヴ・イマジネーションにほかならなかったわけだが、いにしえの錬金術師は自分たちの方法について、「真正なる想像にして幻想にあらず」といっている（Franz, 1981）。アクティヴ・イマジネーションの要諦は、真正なる想像ができるかどうかに尽きる。

そのために重要となるのが、無意識を自由にさせ、いかなるイメージが出てきても、意識の側がまずは無批判、無条件に受け入れること、そして、意識の側が、つまり「私」が、それにどう対処できるかを、無意識への敬意をもって考えることである。そして、その結果を無意識に対して提示し、無意識の側の意見を訊く。アクティヴ・イマジネーションにおいては、そうしたやりとりを通して、意識の主張と無意識の主張との落としどころを見つけていくことになる。

意識と無意識との間には、深い溝、乖離ができてしまっている。両者の考え方や価値観がまったく異なっているからである。だから、心は一つの全体として機能することができない。そこで、両者が自分の主張を込めたイメージをやりとりして、摺り合わせを行なう。主張すべき点は主張し、しかし、譲るべきところは譲るのである。交換条件や駆け引きも必要になってくるだろう。そのように全力を尽くして、両者が和解ないし妥協のできるギリギリの一線を探すのだ。この作業を「折衝」と呼ぶ。

言うまでもないが、意識の側も無意識の側も真剣でなければならない。無意識の側は、つねに意識に対してメッセージを送ろうとしているので、もとより真剣。問題は、意識ないし自我の側の態度である。真剣に向き合おうとするなら、自我はぼんやりしていてはいけない。「なんとなく」ではなく、すべてをきちんと意識して判断し決断しなければならない。これを自我の「アクティヴ」な態度という。そのようにして自我は責任ある主体であることを示す。自我が真剣に向き合えば、無意識はしっかりとそれに応えてくれるだろう。

なんとなれば、無意識は、いたずらに意識と対立しようとしているわけではない。意識がひどく偏っているからこそ、その偏りをカウンターバランスしようとして、補償的なイメージをぶつけてくるのである。無意識の側に悪意はないし、何かを隠したり歪めたりもしていない。無意識が得体の知れない不気味なものとして、あるいは身の毛もよだつような怖ろしいものとして意識の前に立ち現れてくるとしたら、それは、意識の側に、そうでなければカウンターバランスされえないような偏りがあるがゆえのことである。

集合的無意識は太古の時代から変わることなく生き続けてきている。そのなかには、現代の合理的な意識が忘れはててしまった、永遠の知恵や深い哲学がある。合理性だけで人生が生きていけるなら苦労はない。合理性はだいじにしながらも、超越的なものとともに生きる。それが成熟した自我というものである。青くない成熟した自我だからこそ、みずからを相対化して見つめ、権威にすがらずに無意識ともども歩んでいけるのだ。

無意識の世界は時間を超越しているだけではない。その空間には果てというものがない。広がりを超越した広さなのである。時空に縛られない無意識のなかには、太古の時代からはるかな未来までの、人間はもとより、無数の生物と無生物がひしめき合っている。しかも、神々や悪魔、魑魅魍魎や怪物といった、まさに想像上の存在までもが、あるいは歩き、あるいは飛び回っているのだ。

彼らが自律性を有していて、みずからの意志で勝手に活動することはすでに述べた。彼らは無意識の世界の善良な市民なのだ。したがって、彼らにも安寧を求める権利はある。意識の側は、心が自分だけのものだと思っていてはいけない。意識の側の福祉が重要であるのなら、無意識の世界の住民の福祉も考慮する必要がある。一方だけが幸福であってよいわけがない。やはり、だいじなのは、最大多数の最大幸福だろう。アクティヴ・イマジネーションは、アクティヴな自我による無意識との折衝を通して、意識と無意識の両方が福祉の恩恵を被ることができるようにする、画期的な技法である。

アクティヴ・イマジネーションの方法

アクティヴ・イマジネーションの具体的な方法の説明に移ろう。ただし、本書はアクティヴ・イマジネーションの解説書ではないので、その骨組みをごく大雑把に述べるにとどめる。本書だけを頼りにひとりで試みるのは難しいと思うし、危険な状況を招くこともありうる。詳細については必ず成書（Hannah, 1981; Jung, 1916a; Johnson, 1986; 老松、二〇〇〇、二〇〇四a、二〇〇四b、二〇〇四c；Spiegelman・河合、一九九四）を参照してほしい。

説明するのは、私なりの方法である（老松、二〇〇四a）。便宜上、九つの段階に分けて説明すると、次のようになる。①ひとりの時間と空間を確保する、②イマジネーションの舞台を用意する、③何かが動くまで凝視する、④相手のその動きの意味を考える、⑤こちらの応答を決めて実行する、⑥相手の反応を待つ、⑦ついで、④⑤⑥を繰り返す、⑧記録する、⑨報告する。

順に見ていこう。まずは、①ひとりの時間と空間を確保する、である。アクティヴ・イマジネーションは、ふつう、自宅で行なうが、自宅でひとりだけの時間を確保するのは難しいものである。しかし、無意識から浮かび上がってくる微かなイメージを確実に捉えるには、現実の雑音をできるだけ遮断しておかないといけない。それに、現実の雑音があると、想像の内容が現実に引っ張られてしまいがちになってしまう。目指したいのは、現実に近い個人的無意識よりも集合的無意識と折衝することである。

②イマジネーションの舞台を用意する。ここで「舞台」というのは、イマジネーションの物語の出発点のことである。何でもよい。穏やかで安心できるような風景の絵や絵葉書を選ぶことを私は勧めている。何はともあれ、はじめはスムーズに滑り出すことがいちばんたいせつである。不安や脅威を感じるものは選ばないほうがよい。そして、舞台として選んだ風景のどこかに自分（「私」）がいるところを想像する。ここでの「私」は自我であり、意識の側の代表者である。

③何かが動くまで凝視する。ついで、風景の全体でもよいし部分でもよいから、ただじっと見つめる。風景のなかの何かが動くまで見つめ続けるのである。その動きは、あちら（無意識の側）から来るもの、すなわち、おのずから生じてくるものでないといけない。たとえば、誰かが歩いてくる、風が吹いてくる、鳥がさえずる、など。

見つめ続けていると、たいていは、何かが動きはじめるはずである。ユング（Jung, 1997）がいうように、凝視することは心のエネルギーを注ぎ込むことにほかならないのだから。どうしても動きが生じないなら、絵本のページを一枚めくるつもりで、次の場面を想像してみればよい。

④相手のその動きの意味を考える。動いた相手が何であれ（人間であれ、動植物であれ、風であれ、物であれ）、その相手がそう動いたことには意味があり、無意識から意識（「私」）へのメッセージが込められている。無意識はふつう、そのような動きのイメージで象徴的に思いを表現する。意識にとっては不慣れな言葉だが、その意味、メッセージを理解しなければならない。どのようなメッセージが込められている可能性があるか、候補を一つではなく、複数考える。そして、そのなかから最もふさわしそうなものを一つだけ選ぶ。

⑤こちらの応答を決めて実行する。そのメッセージに対して、意識（「私」）が返すことのできる応答を考える。これも複数が望ましい。そして、一つを選択して、イマジネーションの世界で実行に移す。④の段階においても、⑤の段階においても、選択という行為が重要になる。自我のアクティヴな態度を保証してくれるからである。つまり、「私はこれこれの理由からこうするのだ」としっかり意識しながら無意識に対して返事をするわけであり、自我が責任ある態度をとっているといえる。

⑥相手の反応を待つ。意識（「私」）が応答したら、今度はその応答に無意識が返事をしてくるはずである。つまり、またその世界の何かがおのずから動くのをじっと待つ。

⑦ついで、④⑤⑥を繰り返す。無意識から再びメッセージが届いたら、またそれを解読して返事を送る。要領は最前と同じである。ただし、今回、無意識から返ってきたメッセージには、その前に意識（「私」）が示した応答に対する無意識の側からの評価が含まれている。意識の側が的確な理解をした場合と、まったくトンチンカンな理解をした場合とでは、当然ながら、無意識の側が抱く心証はちがう。それが、今回の無意識からのメッセージには反映されているのである。だから、次に意識（「私」）が返す応答は、そうした無意識の側の思惑にも配慮

したものでなければならない。

こうして、あちら（無意識）の動く番、こちら（意識）の動く番を交互に繰り返していく。いわば、イメージの変化や動きを介して、意識と無意識とがキャッチボールをするようなものである。そのやりとりのなかで、相手の投げてきたボールに含まれている意見や主張をどこまで正確につかめるようになるかが問われるとともに、あちらの主張をどこまで受け入れ、こちらの主張にどこまでこだわるか、すなわち折衝における落としどころも問われることになる。

⑧記録する。以上のキャッチボールの内容は記録しないといけない。ふつうは、文章による物語のかたちになる。記録は重要である。イメージという実体のないものにかたちを与え、この世にしかと存在せしめることは、無意識に対して敬意を払うことになるし、儚く消え去ってしまいがちな補償的メッセージを意識化して役立てることにもつながる。

⑨報告する。アクティヴ・イマジネーションには、通常、見守り手が必要である。分析家、心理療法家がその役割を担うことが多い。見守り手の存在は、危険を回避するために不可欠である。イマジナー（アクティヴ・イマジネーションをする人）は記録したものを持参し、報告するのが望ましい。

アクティヴな自我とパッシヴな自我——責任と倫理

アクティヴ・イマジネーションにおいては、自我がアクティヴな態度を持っていることが何よりもたいせつである。自我がアクティヴに機能していれば、物語は次々に興味深い展開を見せ、イマジナー自身も飽きることがない。そして、それが変容や救いへとつながる。しかし、自我がパッシヴな態度に陥ると、物語は袋小路に入っていってしまい、だんだんつまらなくなってくる。もちろん、変容や癒しが生じることはない。

「選択」が自我のアクティヴな姿勢を保証してくれるのだが、選択という行為には、そうできるための条件を整える作業が伴う。「仮説、検証、修正」である。つまり、無意識由来のイメージを見て、そのメッセージが何であるか、仮説を立てる。その仮説にもとづいて行なったこちらからの返答に対して、無意識の反応がどうだったか。それを見て、仮説の確からしさを検証する。その結果、必要そうなら修正して最新バージョンの仮説にする。選択には、この三段階の作業の反復が欠かせない。

さて、「自我のアクティヴな態度」と繰り返し述べても、実例を見てみないことには理解しにくいと思う。そこで、旧著（老松、二〇〇四a）からの引用というかたちで、三〇代の健常な女性による短いイマジネーションのマテリアルを再掲する。このイマジネーションの出発点は、一頭の牛とその背に乗る人物が描かれた絵だった。そして、これが一回分である。自我がアクティヴな態度を保っているときとパッシヴな態度になっているときのちがいがわかるだろう。

牛の背中に乗って、人里離れた森や林を歩いている。だんだん陽が暮れてくる。少し寒い。このまま先へ進むか、落ち着ける場所を探して朝まで休むか。なかなかたどり着けそうにないので（目的地はわからない）、適当なところで休むことにする。すでにかなり暗い。森のなか。梟《ふくろう》の声。小動物の動く音。風で木が揺れる音。大きな木の近く、水のあるところ、窪地を探す。

万全ではないが休む場所を決め、居心地をよくするために石を並べたり、木の枝を集めたりする。焚き火をしたいが、火種がない。石を打ち合わせてみる、周囲を見渡す、など試みるが、火はつかない。あきらめて寝る。

夢を見る。青空。雲の間に浮かぶ自分。下界を見下ろし、どこに降りようかと考える。古いヨーロッパのような街並み。川が流れている。牧場には牛が。のんびりした風景。そこのどこかへ降りたいと考えるが、降りられない。人々は私の姿に気づいていない。結局、そのまま飛んで移動する。
荒涼とした風景。砂漠。荒れ地。人が住んでいるのかいないのか、よくわからない。あまり気乗りしないいま降り立つ。荒れはてた家の前。人の気配はないが、住んでいた人の人柄が偲ばれる。無骨で激しい人だったのだろう、と思う。私は想像上のその住人といっしょにそこで生活することにする。日を追うごとに、想像上の人物は細部までリアルになってくる（老松、二〇〇四ａ）。

ここでは、イマジネーションの深層心理学的な意味合いにはあまり踏み込まない。注目したいのは、あくまでも、自我の態度がアクティヴかパッシヴかという点とその帰結、そして無意識との折衝の機微である。以下に、旧著（老松、二〇〇四ａ）で付したコメントをそのまま引用しておく。少し長くなるが、そういったところに注目しながら読んでみてほしい。なお、「……」は省略した箇所を示している。

陽が暮れてくること、森に入っていくこと……ここで進むか休むかという葛藤は、ごく自然なものだろう。暗くなるにつれて聴覚を活用しはじめるのも、理に適ったふるまいである。耳を澄ますと、さまざまな音が聞こえてくる。……多かれ少なかれ不安を掻き立てられるにちがいない。だからこそイマジナーは、「大きな木の近く、水のあるところ、窪地を探す」。この状況下でもっとも安全を確保しうる行動としてみごとだと思う。……それだけではない。イマジナーはさらに、「居心地をよくするため」の工夫までもあれこれ試みている。……森で夜を明かすことにのみ汲々とするのではなく、過ごす時間のクオリティにまで配慮できるとは。これもまた、イマジナーの持つ豊かな感性と直観力を証明するものだろう。……
ところが、である。焚き火をしたいのに火が熾せない。夜の森では由々しき事態である。むろんここでも、イマジナーは努力を怠っていない。アクティヴな態度を忘れないよう、しっかり心がけている。今の自分に何ができるのか、何をすべきなのか、できるだけ意識していこうと試みているのである。……ここまではまことによい。しかし、結局、火がつかなかったので、あきらめて寝てしまう。……眠りに落ちるという展開は、しばしばあまりよくない状況を暗示する。具体的には、必要な意識の喪失を表わしていることが多い。つまり、自我が意識の清明さやアクティヴな態度を保てなくなり、それまでに築いてきたものが無意識へと帰っていってしまう状態である。

……どうしたというのだろうか。おそらく、何らかの盲点、ぽっかりと視野から抜け落ちているものがあったにちがいない。……じつはこのイマジネーションの展開には、たった一つではあるが無視できない、非常に大きな穴があった。……ほかでもない、牛の存在が忘れられていることである。「牛と牛飼い」の絵から出発したイマジネーションなのだから、旅のパートナーである牛は、イマジナーがまずもってじっと凝視すべき重要な相手である。にもかかわらず、牛は、最初の一行以外、どこにも登場してこない。

牛はいったいどうしているのだろうか。……暗い森で野営をするとき、本能の助けが要ることは明らかである。しかし、イマジナーはすべてを自力でやろうとしている。火が熾せないのは、そのことと関係があるにちがいない。……牛の重要性がわからないイマジナーではないはずなのに、なんらかの理由でその存在を意識しようとしない、そのパッシヴな態度が問題なのである。

さて、イマジナーが眠ってしまうという困った展開にはなったが、イマジネーションはまだ終わっていない。夢の世界に入っていく。ここで……自我が空高く浮かんでいるという状況は危うい。地に足がついていないのは、イマジネーションの世界におけるリアリティが見失われているということである。……

イマジナーは下界に降りようとするが、容易に成功しない。……降りられないということには、じつは隠された理由がある。ここでもキーワードは「牛」である。イマジナーは上空から牛のいる牧場を目にした。これは無意識が与えてくれた起死回生のチャンスだったのだ。つまり、あなたはあの牛のことを忘れていませんか、と訊いてくれたのである。ところが、残念ながらイマジナーは、これを「のんびりした風景」という意識でしか見ていない。もしもここであの牛を思い出していたら、イマジナーは再び地に足をつけることができていただろう。

このチャンスを逃したので、イマジナーは荒涼とした世界に行くことになってしまう。砂漠にはしばしば悪霊や魔物がいる。イマジナーはそのような幻に掴まったのかもしれない。非常にパッシヴな状態のときには、自我は不毛な泥沼に捉えられてしまうことが多い。……（老松、二〇〇四ａ）

自我がアクティヴであるかどうかは、イマジネーションの展開を大きく左右する。そして、意識と無意識の間で繰り広げられる折衝には、駆け引きの妙がある。意識が無意識に対して敬意を払い、アクティヴに向き合っていこうとするならば、判断や選択に多少の失敗があったとしても、失地回復のチャンスは繰り返し与えられる。心の全体性の実現は無意識にとっても悲願なのだから、個性化という困難な作業をともにするパートナーとして無意識を尊重していかなければならない。

身体系個性化とアクティヴ・イマジネーション

ここまで、アクティヴ・イマジネーションについて概説してきた。これで、次章からの事例を理解していく準備はほぼ整った。しかし、じつはまだ一つ説明していないことがある。上述の概説は、いわば従来型のもので、主として心系個性化のプロセスを念頭に置いたものだった。本書で提唱している身体系個性化とアクティヴ・イマジネーションの関係については、もう少し検討が必要である。

ただ、その点をめぐっては、事例を見てからのほうが論じやすい。というのも、事例を見ていけば、個性化にとって身体が何を意味するかという問いに答えが出てくるからである。すると、身体系個性化とアクティヴ・イマジネーションの関係もおのずから明らかになるだろう。それゆえ、今の段階では、これまでに説明してきたあれこれからいえることだけを述べるにとどめたい。

その範囲内でいえることで重要なのは、錬金術がアクティヴ・イマジネーションだったという点である。物質ないしは身体の変容を目指す錬金術が、いつのまにかこのイメージ技法を採用していたのは、それなりの利点があったからにちがいない。それは、おそらく、この技法が、グロス・ボディ（粗大な物質ないし粗大身）とサトル・ボディ（精妙な物質ないし微細身）という物質ないし身体の二重構造の存在をやすやすと許容する、という特質を有していることではなかろうか。

意識が清明な覚醒状態で想像という営みに全力を注ぐこと。現実の世界と想像の世界の二重性を認めること。グロス・ボディの世界のただなかにあってサトル・ボディの世界を見据えること。そのような態度がアクティヴ・イマジネーションには必要とされる。そういう条件下だからこそ、物質ないし身体と心という人間自身の二重性がおのずから扱われることが可能になるのだろう。

そのあたりの事情は、むしろ東洋の錬金術ともいうべきクンダリニー・ヨーガや煉丹術をめぐって考えるほうがわかりやすいかもしれない。クンダリニー・ヨーガや煉丹術においては、粗大な身体（グロス・ボディ）にぴたりと重なって存在する微細な身体（サトル・ボディ）を観想し、そのサトル・ボディという場において経験をしていく（老松、二〇〇一）。前者なら、クンダリニーと呼ばれる蛇を脊髄に沿って這い上がらせるし、後者なら、いわゆる内経図（図14）に描かれている体内の見えない経路、すなわち、逆巻く海、畑や森、険しい山など自然の風景で表現された督脈に沿って気を循環させる行などをする（黒木、二〇〇六）。

こうした古くからの術や行は身体系個性化の試みといってよいものだが、それらがアクティヴ・イマジネーションにほかならないことに注目されたい。もちろん、厳密にいえば、本章で説明してきたアクティヴ・イマジネーションの方法とはいくぶん異なっている。たとえば、錬金術、クンダリニー・ヨーガ、煉丹術においては、「私」を主人公とする物語が生成されることはない。

　このちがいの理由として考えられるのは、これらの術や行がすでに元型的な「形《かた》」として完成されているという点である。史上はじめてクンダリニーと出会って目覚めさせた行者は、おそらく、クンダリニー・ヨーガの体系が完成されて以後の行者とは少し異なる経験をしていたことだろう。曼荼羅図のなかったいにしえの時代、瞑想のなかで最初にそれを経験した先達は、曼荼羅図登場以後の修行者とはいくぶん異なる宇宙の探求を行なわなければならなかったのではなかろうか。

　そのような画期的な術や行を成し遂げた先達は、常ならぬ人々である。予備知識を携えて誰かのあとをついていくのとはわけがちがう。極限的に強靭な自我の力を有していたにちがいない。さもなければ、はじめて出会ったクンダリニーになす術もなく呑み込まれてしまったり、突如開かれた曼荼羅的宇宙に圧倒されてしまったりしていただろう。錬金術、煉丹術についても同様である。

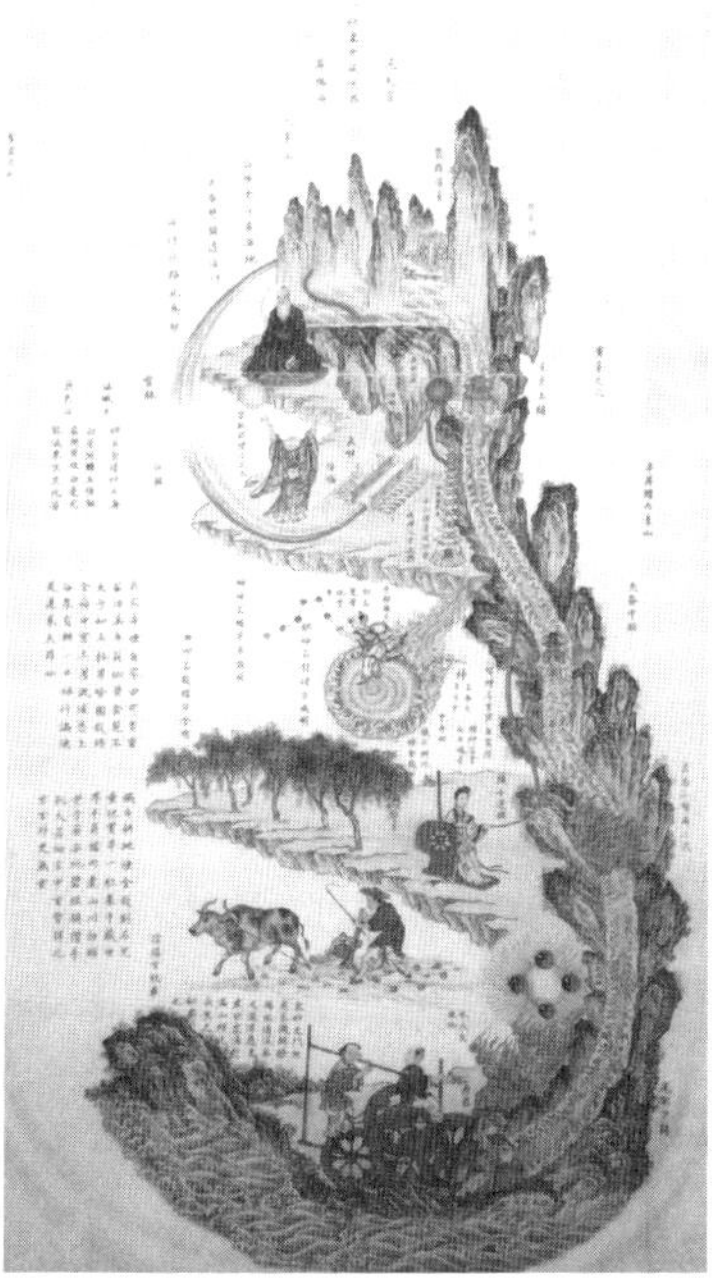
図14　内経図

　むろん、後続の人々においても、先達の場合ほどではないにせよ、一定程度のしっかりした自我は必要とされるはずである。そのための試験はさまざまなかたちで存在しているだろう。彼らはこれらの術や行に挑戦する以前のイニシエーションの段階で篩《ふるい》にかけられるにちがいないし、そうした挑戦そのものが文字どおり命がけのものになっているのだから。

臨床で用いるアクティヴ・イマジネーションの場合、将来、多くのイマジナーがたどる元型的な展開が明らかになって、なにがしかの「形《かた》」が定められたなら、「私」という主人公が不要になることもあるかもしれないが、それ以前の段階ではやはりアクティヴな自我が不可欠である。そもそも、臨床で命がけは困る。象徴的な次元での「死と再生」は必須といってもよいが、それが現実の次元に漏れ出るようなことがあってはならない。そういうことを防ぐためにも、「私」が必要である。

第五章　あるアスリートの個性化をめぐって（I）

身体系個性化を体現する事例

身体系個性化のプロセスを最も端的に体現してみせてくれる可能性があるのは、やはりアスリートだろう。そこで、本章から四章分の紙幅を費やして、そのような実例を詳細に眺めていくことにしたい。身体系個性化とはどのようなことを指すのか。そこでは何が起き、そのことが当の本人にはどう経験されるのか。私たちは、本書の前半のすべてを、それが理解できるようになるための準備に当ててきた。

ここで見ていくのはわずか一例にすぎない。しかし、されど一例である。そこには元型的な要素が満ちあふれている。その意味で普遍性はある。これから提示されるアクティヴ・イマジネーションのマテリアルを読み進むとき、誰もがそこに自分自身の姿を垣間見るはずである。身体系個性化プロセスを歩んでいる人はもちろんのこと、心系の個性化を目指している人も、そこから貴重な示唆を得るだろう。

さっそく事例の概要の説明に入るが、その前に、一つ断っておきたいことがある。個人のプライバシーに配慮する必要があるため、以下に記す内容に関しては、状況やプロセスの把握に大きな影響を与えないと思われる範囲で若干の変更が加えられている、という点である。読者諸賢の理解をお願いしたい。

　イマジナーはNさん、三〇代前半の既婚男性で、社会人である。Nさんは学生時代に友人に誘われてトライアスロンをはじめ、卒業後も、仕事のかたわら、有力なコーチ（元ナショナル・チーム監督）のもとで毎日の激しいトレーニングに励んでいる。周囲に対しては温厚だが、自分に対しては厳しい。修行者のような印象がある。Nさんは、その年（X年とする）、はじめての世界選手権出場を目指しており、そのためのメンタル・トレーニングを必要としていた。

　相談を受けた私は、アクティヴ・イマジネーションを提案した。理由は二つあった。一つは、認知行動療法をベースとする一般的なメンタル・トレーニングはふだんの練習メニューにしっかり組み込まれていて、その効果はすでに限界まで発揮されていたこと。そして、もう一つは、Nさん自身の臨床像だった。つねに身体の徹底的な意識化を図ろうとする姿勢、身体に関する内省が生活そのものになっているかのような求道者的なあり方である。しかも、興味深い夢をたびたび見るということを私は聞いていた。

　トライアスロンは二〇〇〇年からオリンピック種目にもなっているので、最近は知名度も上がったが、スイム（水泳）、バイク（自転車）、ラン（マラソン）を続けて行ない、タイムを競うスポーツである。合計の距離が短いレースや長いレースがあるが、短いものではスイム一・五キロメートル、バイク四〇キロメートル、ラン一〇キロメートル、本格的なものになるとスイム三・八キロメートル、バイク一八〇キロメートル、ラン四二・一九五キロメートルと、過酷きわまりない。それゆえ、この競技は鉄人レースと呼ばれる。Nさん自身は「挑戦することに価値がある究極のスポーツ」という。

　Nさんは、週一回の面接を行ない、自宅でアクティヴ・イマジネーションを試みて夢とともに報告する、という提案を積極的に受け入れた。さっそく手順に従って何回かやってみたところ、イメージそのものは生き生きとしていて活発に動き、スムーズにイマジネーションの世界に入ることができた。しかし、イマジネーションのなかではどうしても宙に舞い上がってしまい、怖くなってストップするということが続いた。
これはNさんの現状を表している。宙に浮くことには、体の軽さという肯定的な面もあるのだろうが、やはり現実の支えを欠いていて危うい。Nさんが世界選手権を目指すことは、あるいは、裏づけを欠く誇大な野望なのだろうか。だとすると、トライアスロンはNさんの個性化に寄与しないことになる。そもそも、地に足の着いていない状態だと、約一カ月後に控えている国内レースのためのコンディション作りにも悪影響があるかもしれないし、現実のレースにおいても過信に陥ったり状況判断を誤ったりしかねない。このようなとき、Nさんは次のような夢を見た。

X年四月一九日の夢　広い草原のなか。線路上に山積みの砂利。汽車が来ている（ゆっくり？　あるいは、止まっている？）。私はスコップで、一生懸命、埋まったレールを出そうとしている。向こうにも、同じようにスコップで作業をしている人がいる。心のなかでは、汽車が押せば大丈夫だろうと思っている。

イマジネーションがうまく進まないとき、夢はイマジナーの考え方の偏りを補償してくれることが多いので、参考にするとよい。この夢はいかなるメッセージを伝えようとしているだろうか。鉄道の線路（鉄路）は鉄人の進むべき道を象徴しているように思われる。それが砂利で埋まっているのは、地に足を着けていられずに舞い上がってしまいがちなイマジナーが思いとどまれらなければならないことを教えている。
夢見手（イマジナー）は、線路を掘り出しながらも、汽車が押せば大丈夫だろうと気楽に考えている。はたしてそうだろうか。汽車が押そうとすれば、たちまち脱線してしまうことになる。ここに意識の偏りがあるにちがいない。この気楽さは宙に浮くというイメージに重なるからである。夢見手といっしょに作業をしているもうひとりの人物がいるが、彼は「向こう」で作業している。おそらく、別の角度からこの状況を見て、夢見手とは異なる見解を抱いているにちがいない。ここでは、危機感を持ってコツコツと地道に線路を掘り出すことが必要だという洞察が求められている。

イマジナーはとても直観のすぐれた人である。さいわい、この夢における無意識からのメッセージを理解して、真剣に受け止めることができたようだった。というのも、夢の翌日、つまり四月二〇日からあらためて開始したアクティヴ・イマジネーションにおいては、それまでのように安易に飛び上がってしまうことなく、下方への道を丁寧にたどりはじめるからである。

アクティヴ・イマジネーションへの参入（#1）

以下のアクティヴ・イマジネーションのシリーズは、一枚の写真からはじまった。Nさんが好きだという海の写真である。このシリーズはおよそ半年間、全五六回にわたって続いた。そのすべてが重要であることはいうまでもないが、はじめの数回、とくに初回のイマジネーションは最も重視しなければならない。なぜなら、そこに、イマジナーの抱えている問題の見取り図、取り組まなければならない課題、問題の解消に至るまでの青写真などが端的に示されていることが多いからである。

このシリーズについては要所要所で解説を加えるが、そのようなわけなので、初回のイマジネーションについてはとくに詳しく検討しておきたい。以下がそのマテリアルである。なお、#を付した数字はイマジネーションの回数を示している（面接の回数ではない）。

#1（四月二〇日）　海を見下ろす小高い丘に立っている。朝日を見ながら、今日はいい日になるよう祈るような感じ、気持ち。乾いた爽やかな風が吹いている。風になびく低い草（右から風）。草が足首、くるぶしに

あたる。風が止むと、波の音が聞こえる。まだ少し肌寒い。素足に草履、半袖、半ズボンの私。さあ、今日も一日がはじまる。がんばろう。息を大きく吸い込み、左手、下へ、海のほうへ歩き出す。あたりは草ばかりだが、左手下一〇〇メートルくらいのところに若い木が一本ある。何度も来るところ、誰もが来るところなので、道ができている。そこだけ草が生えてなく、土が見えている。木の横を通りすぎるときに、風と葉の音が聞こえる。薄暗かった光も、木の葉が薄緑とわかるくらい明るくなってきている。すごく急で長い下り坂が続いている。五〇～六〇メートル前を、茶色い狐（野生）がこっちを振り返りつつ歩いている。目は黄色がかった茶、尻尾の先は黒。驚いている様子もない。狐は自分のペースで歩いている。少し小走り気味。振り返って私のほうを見るときは止まっている。

イマジネーションはさまざまな場面からはじまるが、このマテリアルでは、海を見下ろす丘からである。陸地のはて、海のはじまるところ。そこは意識と無意識の接する場所である。イマジネーションの出発地点としてふさわしい。ただし、いまだ高所にいるという問題はある。ほんとうの意味で地に足の着いた状態となることが望まれる。

朝日、一日のはじまりは、イマジネーションの幕開けへの期待を感じさせる。しかし、イマジナーははやる気持ちに流されることなく、行動をはじめる前に、風の吹き方や気温や遠くの音など、周囲の状況に細かく注意を向け、しっかり自己像も確認している。自身を含むいっさいに意識を行きわたらせるよう努めることは重要である。イマジナーがそれのできる人なのだとわかる。軽装なのは少し気にかかるけれども。

イマジナーは左手、下方へと歩き出す。空間象徴学的には、右や上が意識の領域、左や下が無意識の領域なので、無意識と向き合っていこうとする姿勢がおのずから示されている。誰もが来るところなのでそこには道ができているという。つまり、それは集合的な経験とともにある道である。イマジナーの向き合おうとしている無意識が、個人的無意識ではなく集合的無意識であることがわかる。

草ばかりで覆われた丘に一本だけ生えている若い木。これは一種の標木《ひょうぼく》なのだろう。山の斜面や広い一続きの田畑では、所有者がかわる境目に目印となる木を植える慣習がある。そこは境界である。そこまでは人間の支配する世界だが、その先はちがう。木の横を通りすぎるときに聞こえた風と葉の音は、そのことを告知する霊的な囁きである。

そして、狐との出会いが来る。動物が人間よりも下等な、換言するなら意識よりも劣等な衝動や欲望を象徴していることは多い。たとえば、異類婿と呼ばれるタイプの説話では、異類（たいていは動物）が劣等で未熟な男性性を表す。しかし、ときには、魔法や呪い（無意識による汚染）で動物の姿にされている、じつは価値ある要素であることもある。同様に、前章でも述べたとおり、動物は、本能的な導きや霊的な導きをも象徴しうる。

数ある動物のなかでも、狐は特別である。稲荷神の使いであることはつとに知られている。いや、むしろ稲荷神と同一視されている。あるいはまた、狐女房型の民譚にも登場する。陰陽師安倍晴明の母親とされる信太《しのだ》山の狐、葛の葉などはその代表といえよう。管狐《くだぎつね》という使い魔のような妖怪もいる。管に入るほど小さい狐が、犬神や飯綱《いづな》と同様に、主人の意識的、無意識的な願望を読み、勝手に働いてそれを実現させるのだ。

以上のような狐の姿から、その霊威は容易に見て取れる。狐が人を化かすという言い伝えもその延長線上にある。しかし、狐の霊的な力は、たとえば鳥の持っている天空的なそれとは根本的に種類がちがう。狐は土の精である（吉野、一九八〇ａ）。黄色ないし茶色の体色がその証拠。そもそも五穀を司る稲荷神の使いとされているのもそれゆえのことである。

このイマジネーションにおいて、狐との出会いはさりげなく語られているが、その重要性はいくら言葉を費やしても足りない。大地とつながっているものでありながら重さを持たない霊でもある狐。イマジナーは、物質的な身体と非物質的な心の一致を目指して進む途上で、一匹の野生の狐と出会った。この符合がただの偶然であるはずがない。この狐とよい関係を築き、ともに変容していけるかどうか。そこが今後のポイントになる。

第三章で見た錬金術書『太陽の光輝』（Henderson & Sherwood, 2003）のプロセスで言えば、ここは第一の挿画「病んだ太陽と健やかな太陽」に符合するところがある。あの挿画では、従来の支配原理が病んでおり、新しいそれに取って代わられるべき時期が来ていること、そのとき錬金術師が導き手と出会うことが描かれていた。一方、私たちのイマジナーは夢のなかで、進むべき道のはずだった線路を断たれ、大地に、下方に意識を向けなければ解決不能であることを知らされた。そして、このイマジネーションにおいて、導き手である狐と出会っている。

狐との出立（#2〜4）

初回のマテリアルを詳しく見てきた。イマジナーはようやくイマジネーションの世界への参入をはたしつつある。ただ、やはり新しい領域への参入が容易でないのは当然で、意欲が続かずに、三歩進んで二歩下がるといった状態に陥ってしまうことも多い。無意識はそういうこともよく心得ていて、巧みに対策を講じてくる。興味深いことに、Nさんは、そのことについてのメッセージを、#2と#3の間（四月二四日）に夢で受け取った。

そこでは、Nさんの妻がバスに乗っていて、事故に巻き込まれていた。この夢は、四月一九日の鉄道の夢の続編と見てよい。近親者が巻き込まれたとなると、むろん気楽ではいられない。夢見手は急いで妻の救出に向かった。ちょうど現実においても、いくつか立て続けに鉄道や飛行機の大きな事故があった頃で、Nさんは「虫の報せみたいで不気味」と感じた。無意識はこのようなかたちで、意識に気を抜かないよう念を押したのである。

Nさんはイマジネーションにいっそう本腰を入れはじめた。そうなると、しだいにコツもわかってくる。Nさん自身の言葉では、「毎回、途中で空気が変わり、自分が入っていくのがわかります。すると、スムーズに進むようになるんです」とのことだった。しだいに気持ちの準備が整ってきて、イマジナーはいよいよ出立することになる。イマジネーションの＃２～４を見てみよう。

＃２（四月二二日）　右側の崖下に打ち寄せる白い波が見える。ずいぶんと下のほうである。狐に追いついた。逃げない。ポケットから「籾《もみ》」を出してしゃがみ、与えた。狐は掌に口をもってきて食べた。黒く湿った鼻。まだ成長しきっていない様子。黒っぽく見えていた体も、太陽の光で薄茶（金色）がかった体だとわかる。右の前足の先は白色をしている。膝をついている足にのってきた。目と目が合う。黄色い目（黄金色。黒い瞳）。目だけ見ると、獰猛そう。

＃３（四月二五日）　掌の籾を食べ終えた狐は、私の顔をしばらく見上げる。もう少しほしい、この人はどんな人なんだ、とかまるで観察するような感じで見ている。軽く、小さくジャンプして、私の背中のほうへ回り、のってきた。爪のような痛みはなく、思ったよりも軽い。右肩のほうへ回ってきた。

＃４（四月二七日）　私は狐を右肩にのせたままそっと立ち上がり、進むべき前方を見つめている。同じように、狐も顔を私と同じ高さにして前方を見つめている。少し目を細めた。やはり風は海側から、右から吹いている。下り坂の先。だんだんと草原から離れていく。左手が崖のようになる。さあ、行こう。気が引き締まる思い。狐が勇気を与えてくれる。

イマジナーは自分のほうから積極的に狐に関わろうとしている。無意識を代表している狐は、意識の側からの招待を受け入れた。稲荷神の使いである土の精、狐に「籾」はお誂え向き。土に種を蒔くようなものである。気に入ってもらえたらしい。ここでの折衝はうまくいった。成長途上の動物を養うことにより、イマジナーは自身の本能の眠っていた部分を甦らせ、ともに変容していけるかもしれない。しかも、この狐は毛並みも目も金色がかっているというではないか。その狐が、今や、イマジナーの肩にのっている。

ここには、『太陽の光輝』（Henderson & Sherwood, 2003）の第二の挿画「旅に出る」との符合が見て取れる。そこでは、錬金術師が密閉した容器を持って歩いていた。この容器の中身は第一質料である。つまり、錬金術のもとになる原料を見つけ、容器に密封して加熱し、蒸留を繰り返すことになる。第一質料はありふれた姿で、ときにみすぼらしい姿で路傍に転がっているが、それに気づく者はほとんどいない。気づいて拾い上げ加熱するなどすれば、つまり逃がしてしまわないようにして意識を集中すれば、それがいずれ黄金ないしは哲学者の石になる。

分析やセラピーにおいては、アナリザンド（分析を受ける人）が相談に訪れるきっかけとなるできごとや状況が第一質料に相当する。たとえば、自分にばかり不運が重なる、安眠できない、何をするにも自信が持てない、子どもが不登校になった、等々。こうした状況に価値があるなどとはとうてい思えないし、できれば無視して放っておきたいところだが、それを契機として分析がはじまり、問題に集中することで結果的に新たな自分に生まれ変われたとしたら、そこに変容のための貴重な原料があったことになるだろう。

イマジネーションのなかの狐は、イマジナーの本能的な導き手であると同時に、錬金術的な第一質料に相当すると考えてよいかもしれない。餌を与えて養うことは、エネルギーを注ぎ込むことであり、加熱することに等しい。哲学者の石は、哲学者の卵と呼ばれる密封された容器のなかで養い育てていくものだといわれている。第一質料とは、いまだ成体になっていないこの狐と同様、未熟な状態にある哲学者の石である。

薄氷を踏むがごとく（#5〜7）

ここから、徐々に本格的な冒険に入っていく。イマジナーが狐とともに下り坂を進んでいくと、道も途切れ、洞窟が姿を現す。洞窟や穴は、その内奥で、意識の光が届かない領域につながっている。つまり、異界への、無意識への通路を象徴する。その闇にはいかなる危険が潜んでいるかわかったものではないので、不用意に近づくわけにはいかない。

とはいえ、意味もなく洞窟が出てくるはずはない。虎穴に入らずんば虎児を得ず。人跡未踏の領域だからこそ、これまでついぞ縁のなかった新しい貴重なものが見出せるかもしれない。ここでは、英雄の大胆さと慎重さが必要とされる。イマジナーは、細心の注意を払い、あたりのすべてに研ぎ澄まされた意識を向けながら、暗い洞窟を進んでいく。

#5（四月二八日）　ずいぶん下のほうまで下ってきた。右手から波しぶきがかかる。そろそろ道がなくなってきた。左手にトンネル？ほら穴？のような道が続く。入口は大きい。両手を広げても届かない。頭の上のほうも少し高い。土ではなく岩のようだ。波がかかっていたのか、入口付近は湿っている。なかから風の音が聞こえる。奥のほうは暗く、見えない。狐も様子を窺っているようだ。ちょっと狐と顔を見合わす。どうしようか？とお互い目で相談している。

#6（四月二九日）　少し入ってみる。まだ外の光が届いている。なかに入ってしばらく行くと（五メートル程度）、あたりは急にまっ暗になった。音も遠くのほうに聞こえる。　歩を踏み出すのが怖い。足もとはどうなっているのかわからない。振り返れない。動くと下に落ちそうだ。でも、平らな地面だということはわかる。板 or ガラスの上に立っている感じ。一歩踏みまちがえれば落ちそうだ。前を見る。進むべき道がほんのりと光っている。しかもカクカク曲がっている。ずいぶんと奥のほうまで続いているのがわかる。

#7（五月一日）プリズムの上か、なかから光で照らされている。黄緑色の光が奥のほうから光っている。足もとは暗い。ずっと先のほうが明るい。光のもとのようだ。空中か宇宙に浮いているようだ。背中側が孤で温かい。ふたりとも緊張しているのがわかる。いちばん光っているところまできた。扉がある。

そこにあるのは漆黒の闇。まったく光のない闇は現代の暮らしではめったに経験しない。「胎内くぐり」と称して、まっ暗なトンネルが拵えてあるお寺がときどきある。壁に手を当てて、足もとを探りながら、おそるおそる進んでいくと、途中にほんのり明るい場所があって、仏さんが慈愛に満ちた顔を見せている。ほんとうに救われた気持ちがする。そうして出口まで来ると、仏のありがたさのわかる人間として生まれ変わったことになる。

イマジネーションのなかの洞窟もやはりイニシエーションの場であり、「死と再生」を経験する場になりうる。暗闇のなかでは、おぼつかない足もとに奈落を感じるものである。ここでは、それが「ガラス」の感覚として経験されているのかもしれない。西洋のおとぎ話などでは、通常なら足を踏み入れ難い異界への通路がガラスの山のイメージで表現されていたりもする。イマジネーションでのこうした実感はたいせつである。

そこでは、大地を強く蹴ったり踏みしめたりしてはいけない。いたずらに足を動かすことなく、しかしおのずから滑っていくように進まなければならないのだ。イマジナーの運足は、まったく隙のないものに、いい意味で「薄氷を踏むがごとき」ものになっていただろう。この前後、Nさんが、トレーニング中に「足のなかから走れる感じというようなものがはじめて出てきた」という経験をしたのも、ゆえなしとしない。

イマジナーの英雄的な決意と行動は、『太陽の光輝』（Henderson & Sherwood, 2003）の第三の挿画「内なる探求」における騎士の姿と符合する。イマジナーが「英雄的」であるといっても、けっして居丈高な態度ではないし、カラ元気ということもない。宙に舞い上がっていたのとはちがう。不安や恐怖は否認することなくしっかり感じている。そこがよい。イマジネーションの世界であっても、自我が現実に持っている以上の能力の持ち主になってはいけないのだ。

等身大のイマジナーだからこそ、背中にくっついている狐の温かさを感じることができる。しかも、ここが重要なのだが、狐が導き手であるとしても、イマジナーは安易に頼りはしない。顔を見合わせているところはあるが、進退の判断は自我がみずからの役割として責任をもって担っている。導き手が導く力を有効に発揮してくれるとしたら、自我がそのようなアクティヴな態度を持っている場合に限られる。

そういえば、第三の挿画の騎士の胸当てには、錬金術の全プロセス（全体性）を象徴する四色（黒、白、黄、赤）が見られたが、あれは、ここでのプリズムのイメージにつながるところがあるかもしれない。プリズムは虹の七色を見せる。これもまた一つの全体性であり、今後、展開していく可能性のある全プロセスの予示のようにも思われる。

さらに、あの騎士の兜の上には七つの星が輝いていたことを思い出してほしい。七という数が象徴的にイニシエーションと関係が深いという事実は、すでに述べたとおりである。イニシエーションの物語や儀礼が七つの段階から構成されていることは実際に多い。このイマジネーションにおいては明瞭に七という数への言及がなされているわけではないが、プリズムをその暗示と捉えてもそう無理はないだろう。

また、プリズムを通して光が要素に分解されること、あるいは反対にそれら諸要素が一つに合わさって白色光になることは、錬金術のモットーである「解きて結べ」を彷彿とさせる。錬金術は、四元素のまちがった結合をいったん解き、正しく再結合させることによって、黄金ないしは哲学者の石を作り出す。そこに錬金術の門外不出の秘密がある。第二の挿画「旅に出る」において、錬金術師が抱えている容器のリボンに「私たちは四元素の本質を探している」と記されていたことは、そのあたりの事情を伝えている。

扉の両義性

さて、国内でのレースはもう間近に迫っていた。そのこともあってか、イマジネーションでは、個性化と身体のつながりが浮き彫りになってくる。中心的なモチーフとなったのは、扉の通過をめぐる攻防である。それは簡単には通過できない。イマジナーの変容のための重要な試練の一つとなっている。そこでは、自我の折衝の力が試されることにもなる。

#8（五月三日）　扉の向こうはまっ白に光っている。なかの様子は見えない。まぶしいくらいに白い。いま私が立っているところと扉の向こうは、明らかにちがう世界だ。まっ暗な空間に照らし出された道を行くこちらと、扉の向こうにあるまっ白な世界。扉は半分ほど、四五度くらい、こちらに開いている。ゆっくり扉が閉まりかけている。何か扉の陰にいるorある。それが扉にもたれかかって、扉を閉めようとしている。モコモコした大きなもの。まるで大きな脳みたいだ。亀の甲か。暗くてはっきり見えない。

#9（五月四日）　甲のような硬さはないようだ。やはり巨大な脳か。もうすぐ扉が閉まりそうだ。あと少しでたどり着く。そのとき、肩から狐が飛び下りて、扉のほうへ跳んだ。すばしっこく走って、先に扉の向こうへ入った。でも、まぶしくて確認できない。入ったのか。まっ暗な底へ落ちたのか。早く扉に行かなくては、閉まってしまう。絶対に向こうへ行く。閉まりかけた扉に両手をかけて開けようとする。狐の目がこっちを見ている。大丈夫だ。ちゃんと向こうへ行けたんだ。待っている。次は私が行く。扉が重い。力が負けそうだ。左足を扉の隙間に入れて、閉まりきらないようにする。歯をくいしばる。なんて重たいものだ。もたれかかってくる。足を抜くと手が挟まれるかもしれない。どうしよう。

#10（五月七日）　左足に続き、左肩まで入れる。じわっと重みが伝わってくる。このままでは、挟まれて動けなくなる。この方法ではダメだ。よし、重みのもと、この脳のような生き物？をどかすことがたいせつだ。ゆっくりと右へ身体を回して、肩、足と順に扉から抜こうと試みる。左の肩の下、背中が壁に擦れて痛い。スリ傷になったようだ。ヒリヒリする。血のにおいが少しする。ゆっくりと身体を抜く。最後に右手。引っかかっていた指もそっと離す。扉はゆっくり閉まりかける。最後はまっ暗になるんだろうな。扉は少しの隙間を残して止まった。向こうから光がほんの少し漏れている。こちら側もうっすらと見える。「どうして扉を閉める」。脳のような、巨大な亀のような物体、生き物に問うた。返事はない。「聞いているのか」。うっすらとした光のなかに血管のようなものが見える。やはり生き物だ。

扉はこちら側とあちら側を隔てるものである。その場合、こちら側とあちら側との間には、何か大きな状況のちがいがなければならない。こちら側とあちら側が扉を挟んで対立し合っている、ともいえるだろう。と同時に、扉は開けられることへの期待でもあり、こちら側とあちら側をつなぐ役割もはたす。つまり、開かずの扉でないかぎりは、対立し合うものがいつか合一するという可能性をも暗示している。

扉のかたわらには門番、守衛のような人や動物、ときには怪物がいるかもしれない。あるいは、扉を開くための鍵が必要とされるかもしれない。いずれにせよ、扉を通過することはイニシエーションの象徴にもなっており、まさに通過儀礼、参入儀礼そのものである。そこでは、閾を越えて新しい領域に入っていく資格が備わっているか、もしくはもとの領域に無事に戻れる資格があるか、厳しく問われることになる。扉を通過できたのなら、なにがしかの変容が生じたものと考えてよい。

ここでは、扉を挟んで、明と暗の対比がくっきりしている。扉は徐々に閉じてきつつあり、イマジナーの従来のやり方では開けることができないらしい。身体運用を考え直さなければならないようである。しかし、狐は扉の向こう側に行くことができた。顕在化した対立のなかにも合一への一縷の望みは残されているのだ。いったいどうやったのか。そこにイマジナーの現在の何か偏ったあり方を補償するヒントがあるにちがいない。

しかし、まぶしさのあまり、イマジナーは肝心なところを見ることができていない。地下の闇で輝くこの光は何なのだろう。古来、闇はそれ自体が光を生むとされてきた（Jung, 1997）。夜のなかから朝日が生まれてくることからもそれはわかる。ここでも、たしかに無意識は、意識の光とは異なる独自の光を持っているようである。イマジナーは、いま、この正体不明の光に近づいていかなければならない。

光の身体

光にもいろいろある。洞窟に入ってまもないにもかかわらず、唐突に遭遇した強烈な光。探索をはじめたばかりの側にすれば、気持ちや体を慣らしつつ、もう少しソフトな相手から段階的に出会っていきたいと思うのではないだろうか。実際、ほとんどのイマジネーションの展開はそのような順序を踏んで進む。無意識の側とて、準備不足の自我に性急な要求を課して数少ない対話のチャンスを潰してしまいたくはないからである。

しかしながら、ここではそうではないらしい。扉の向こうは、この光のためにまっ白に見える。じつは、あとでわかるように、これはこのイマジネーションのなかで最強の光度と圧力を持つ光だったのである。段取りも何もあったものではない。いきなりＭＡＸのこの超越的な光の登場は、『チベットの死者の書』(Evans-Wentz, 1927; Jung, 1997) に説かれるダルマカーヤを思い起こさせる。ダルマカーヤとは、仏の光の塊としての身体のことで、漢語なら「法身《ほっしん》」となる。

仏（大日如来、太陽）の身体には、いくつかの種類があるのだが、法身はその一つであり、最もサトルな身体である。文字どおりの元型的な身体といってもよい。『チベットの死者の書』は枕経、つまり死者の枕もとでその霊魂に教えを説くための経典だが、それによると、ダルマカーヤは、死後まもない者の霊魂がさまようはてしない闇のなかで強烈な光を放っているという。

死者の霊魂は、中有（中陰）、すなわち死後四九日が過ぎるまでは現世近くにとどまっており、その間に後生の行方が決まる。だから、死者の霊魂に対して、どうすれば安寧な後生、つまり解脱が得られるか、かの枕経の教えを言って聞かせてやらなければならない。いちばん重要な教えは、死の直後に霊魂がいきなり出会う強烈な光、ダルマカーヤに向かって進んでいけ、ということである。

死者の霊魂がこの光に近寄っていけるなら問題はない。しかし、多くの霊魂は、はじめて目にするあまりにも強烈な光に怖れを抱き、少し離れたところに輝いている暗めの光のほうに寄っていってしまう。ダルマカーヤのもとに至ることができれば、その霊魂は解脱し、もはや輪廻から解放されるが、より暗い光に引き寄せられると、解脱の機会を失い、再びこの世に転生することになる。

ダルマカーヤは闇の世界の太陽である。そのようなものと唐突に出会うのだから、よけいに難しい。ダルマカーヤの圧倒的な力に耐えられるのは、それまでに何度も転生を繰り返して修行を積むなかで浄化されてきた霊魂のみ。未熟な霊魂が近づけば、破壊的な影響を被ることになる。イマジネーションの世界に不意に出現したまばゆい光がダルマカーヤのようなものであるならば、イマジナーは桁はずれの可能性に開かれたことになる。しかし、準備不充分な状態で不用意に接近すると焼き尽くされてしまうだろう。

すでに述べたように、Nさんは、「足のなかから走れる感じというようなものがはじめて出てきた」と報告していた。単にコンディションが上がってきたという意味ではない。「走る」ことそのもの、「走る」ことの元型を感じはじめていたのだ。それがダルマカーヤのごときイメージとして経験されているのかもしれない。このときイマジナーに求められていたのは、元型的な身体の与える極度の衝撃になじむ努力だった。

そう考えると、亀らしきものが扉を閉めようとしているのは、けっして悪意からではないことになる。狐は無意識の闇に由来する存在なので、ある意味、このまばゆい光と同質の素材でできており、扉のこちら側とあちら側を自由に往来できるが、イマジナーのほうはそうはいかない。亀が扉の開閉を加減して光の破壊的な影響を抑えようとしてくれているのだとすれば、イマジナーにとってありがたい守りである。

では、この巨大で無口な生き物は何者なのだろうか。脳のように見えるという点がユニークで、何よりも印象的である。「亀は万年」といわれるくらいだし、これは、今でいえば脳に相当する古きもの、つまり太古的な意識を表すものかもしれない。それは、身体と不可分な意識、もしくは身体の意識と見なすこともできるだろう。身体の意識は、いわゆる意識（自我‐意識）よりもはるかに古い。身体の意識は、系統発生上、人間以前の段階から存在していたが、自我‐意識が生まれたのは、人間の登場してきた、つい最近のことである。人間以前の古い身体の意識が亀の姿でイメージされてもよいだろう。

ところで、Nさんのイマジネーションのこの部分は、『太陽の光輝』（Henderson & Sherwood, 2003）のプロセスでいうと、第四の挿画「王と女王」に照応している。あの挿画では、王と女王という姿で、対立し合うものがはっきり顕在化してくるとともに、ふたりが表裏の対照的な装束を身につけているといったことのなかに将来的な対立の克服、つまり合一の可能性が暗示されてもいた。ここでの扉と狐の象徴に近いものがある。

そしてまた、第四の挿画には、旧来の支配原理がいよいよ行き詰まり、そのための困惑が確実に広がりつつあることが、王の不安げな表情などによって表現されていた。Nさんのイマジネーションにおいても、男性的な力の君臨が終わりを迎えつつあることが見て取れる。力づくでは解決に結びつきそうにない。解決のためには、古い時代の知恵、今の支配原理に抑えつけられ排除されてきた古い支配原理が必要らしい。挿画では女王がそれを表しているが、このイマジネーションのマテリアルにおいては太古の亀がそれに相当するのかもしれない。

第六章　あるアスリートの個性化をめぐって（II）

ゾーン体験

アクティヴ・イマジネーションによる個性化プロセスを歩みはじめてから一カ月弱。Nさんは、五月一五日に国内で開催されたレースに参加した。今から提示する何回分かのイマジネーションは、レース当日までの五日間のものである。アクティヴ・イマジネーションとは呼びにくい自生的なヴィジョンも入っているが、明らかに一連のイマジネーションの流れのなかで出現したものであることから、それも含めて時系列的に示す。

#11（五月一〇日）　ぬるぬるとした表面。白く濁っている。青や赤の筋が走っている。ボコボコした表面。ほんとうに大きい。私が横になったくらいの大きさだ。やっぱり亀だ。長年、何十年か百年か、生き抜いてきたようだ。年老いているせいか、動きが遅い。甲のぬめりや筋は、長年にわたって生き抜く間にいろいろとついてきたようだ。ゆっくりと顔を上げて話し出した。「おまえに聞け」。この扉を閉める理由は、私が知っている？　原因は私にあるのか。

ヴィジョン（五月一四日）「『おまえに聞け』の場面」が急に甦ってくる。

#12（五月一四日）扉を開けるも閉めるも私しだい？　力ではダメなものをどうやって開けろというのか。私に聞けといっても、自分では何が悪くて扉が閉まっていくのかわからない。年老いた亀は、それっきり何も言わない。動くこともない。

ヴィジョン（五月一五日）「自分で扉を開けろ」という亀の声が聞こえる。

#13（五月一五日）「おまえが開けろ」の言葉が、私を動かした。扉をこじ開けようとしている自分が見える。裸になっているのか、光がまぶしいのか、裸のように見える。背中の筋肉が盛り上がっている。両手で扉を開けようと力を入れている。右足を踏ん張っている。でも、私の姿に頭が見えない。

この#13も、いわゆるヴィジョンに近い。レースのスタート直前に出てきたもので、上方から見ている感じだったという。「スタート位置ではイメージが私を支配していて、亀の声が聞こえてきました。レース中の集中力がすごかったです。今回、バイクではじめて目のスイッチが入りました。ランでもそうなりました。スイムでは以前にも何回かあったのですが。スイッチが入ると、景色が点になり、なくなってしまいます。スピード感がまったくちがいます。でも、怖くもないんです」。Nさんはそう語る。

Nさんはいつもは腕時計をしてレースに臨んでいるが、このときはあえてつけなかったという。「時計に縛られたくなかったし、自分の感覚で走ろうと思ったので」。そのようにして走り泳いだこの日のレースで、Nさんは自己最高成績を残した。「スイッチが入った」のは、ときにアスリートに訪れるいわゆるゾーンの状態、より一般的にはフローと呼ばれる体験だったと考えられる（Csikszentmihalyi, 1990, 1997）。Nさんはその状態を、「『調子のいい目』。視界が遠くばかりになって、近くは流れていく」とも説明する。

フロー（流れ）とは、苦もなく行為でき、世界と全面的に一体化していると感じられる特別な状態を表す隠喩的な心理学用語で、アスリートのいうゾーン、宗教家や神秘家のいう法悦《エクスタシー》、芸術家のいう美的恍惚に等しい。それは、行為の目標が明確で、瞬間瞬間の結果から即座のフィードバックがあり、有している技能でちょうど処理できる程度の課題を成し遂げることに没頭しているときに起きやすい。フローには、完全な集中、自我の消失、時間感覚の歪みなどの体験が伴う。すなわち、行為と意識が一体化して努力が不要になり、自我‐意識は消え去り、時間の経ち方が速く、あるいは遅く感じられるようになる。

ゾーンの本質は、アスリートが時間軸上の「今現在」という一点のみを生きている状態にあると考えてよいだろう。生きられている時間軸上で、極度の集中により未来と過去が背景に退き、純粋な「今現在」だけが残ったとき、未来や過去に属しているはずのいっさいが「今現在」へと一気に流れ込む。そこに永遠が、超越的な全体性が顕現するのだ。もっと身体の側に引き寄せていうなら、人間の存在の奥底にある時空を超えた身体、かつて一度も生きられたことのない身体、そう呼ぶべきものが一気に覚醒するのである。

フロー体験に伴う「自我の消失」という特徴からも窺えるように、この状態における自我はアクティヴな姿勢を有してはいないように見える。本節のはじめのところで、ここでのマテリアルのなかには「アクティヴ・イマジネーションと呼びにくい自生的なヴィジョンも入っている」と述べたが、それはゾーンの状態ゆえのことである。アクティヴでないとすれば、このときの自我はパッシヴか。そうではない。アクティヴ／パッシヴという対立を超えた状態にあると考えるべきだろう。そこには、永遠と全体性が姿を現すのだから。アクティヴ・イマジネーションにおいてつねに求められるのは自我のアクティヴな態度だが、その努力の彼岸には「アクティヴな態度」を超越した状態が出現しうる。

頭部の行方

亀は扉を閉めようとする理由について、イマジナーに「おまえに聞け」といっている。また、「自分で扉を開けろ」ともいっている。どういうことだろうか。力では無理であることはすでにわかっている。イマジナーは、「どうやって開けろというのか」とも、「原因は私にあるのか」とも自問する。どうやら、方法を考えるだけでなく、自身のあり方へも思いを馳せはじめているらしい。私たちが推測したように、今のイマジナーではダルマカーヤへの直面に耐えられないというのが扉の閉まる理由なら、たしかに、ここでの課題は「どうすればよいか」ではなく「どうあればよいか」に帰着する。

問いの立て方を「どうあればよいか」に変更したからといって、ただちに解決がつくわけではない。それでも、格段に盲点が少なくなるだろう。イマジナー自身がそのようなことを考えていたかどうかはわからないが、#13に関して「漁師の絵のよう。生活のなかの漁師の姿です」という興味深い連想があった。どうやら、青木繁の有名な油彩『海の幸』に描かれているのに似た裸形の漁師のイメージらしい。この連想はレースが離島で行なわれたことと関係しているかもしれないが、Nさんのいう「生活のなかの漁師の姿」には、人のありのままの姿、正味のあり方のようなものが含意されてはいないだろうか。

イマジネーションのなかでは、イマジナーの姿から頭部が消え失せている。この衝撃的な展開は、イマジナーによる「どうであればよいか」の探求とつながりがあるのではなかろうか。ともあれ、こうしたヴィジョン的なイメージに深く打たれるイマジナーの経験は、『太陽の光輝』（Henderson & Sherwood, 2003）の第五の挿画「黄金を採掘する」に見られる象徴的内容と符合している。思い出してほしい。あの挿画では、旧約聖書「エステル記」のアハシュエロス王とエステル王妃の和解というエピソードを借りて、偏りのある意識が無意識からの助言を受け入れはじめる様子が印象的に描かれていたではないか。

イマジネーションの経験がレースで必要な注意の集中を可能ならしめ、次にはその高度な注意の集中がイマジネーションの展開を促進する、という循環的なプロセスがここにはある。ただし、経験された永遠と全体性は先取り的なものにすぎない。無意識からの助言はまだ十分に理解されていないからである。それは、第五の挿画においで獲得される黄金がいまだ粗削りの原石であることに照応する。とはいえ、地下の太陽の強烈な光とエネルギーに向き合うことは、黄金の採掘の試みにほかならない。

さて、国内でのレースを好成績で終えたあとも、Nさんは気をゆるめることがなかった。約一カ月後の六月末に次の国内大会を控えていたからである。アクティヴ・イマジネーションにおいては、「どうあるか」をめぐって試行錯誤が繰り広げられていた。

＃14（五月二四日）　首から上のない私が、力をこめて扉を開けようと力を入れる。両手、指が扉と壁をしっかりつかんでいる。身体を前に倒しながら、背中を押し出している。少し開いた。まっ白な光が前面に当たる。ものすごいパワーのある光だ。光に押し戻されそうだ。首から上がない身体なのに眩しい。胸のあたりに、顔の表面の凹凸が、少し影になって見える。目は開いていないようだ。光が身体のうしろまで包み込んでくる。もう少しでなかに入れそうだ。腕、背中、脚に、青、赤の血管が浮き出ている。光で身体が透けているようだ。年老いた亀は、射し込む光に眩しそうに、黒く大きな目を閉じそうだ。亀は鼻の穴が大きく開いてきた。それでも亀はじっと様子を窺っている。光のなかの遠くのほうから狐の視線を感じる。座ってこちらを見つめているような気配を感じる。私の身体は光に包まれているのか、融け出したのか。重いのは扉ではなく、光そのものが重い。強い圧力で身体がはね返されそうだ。

＃15（五月二六日）　光はまるで生きているかのようだ。まとわりつく。身体を包むアメーバーか、それとも水銀のように、光が巻きついてくる。呑み込まれそうだ。さっきまで暗かったこちら側も、光によってすべてが眩しく、白の世界になってきた。原爆のような光。眩しすぎる光で亀が消えそうになっている。私の身体は、光に包み込まれたところが消えているようになってきた。腕、肩、太腿、身体は十分になかに入れるだけ扉は開いているが、光の押す力で前へ進めない。光に包まれて私の身体が消えてしまうのが先か、扉のなかへ入るのが先か。扉のなかへ入ったとしても、まっ白な世界しかわからない。

＃16（五月二九日）　白い光は、包み込むというよりも、私の体と同化しているようになってきた。光が身体の一部なのか、身体が光の一部なのか、それとも同じなのか、身体の輪郭がなくなってきた。扉も今では光のなかに溶け込んでしまって、存在すら感じさせない。ほとんど消えている。私の身体は光との境がなくなり、お腹のところに顔の輪郭だけがぼんやり浮かんでいる。まるで白いデスマスクのように、目は閉じたままだ。お腹のところさえわからなくなってきている。白い空間に、目を閉じた私の顔、頭だけがそこにある。

力づくでは歯が立たなかった扉が、少しずつ開いてきている。どうしたわけなのか。以前とちがいがあるとしたら、イマジナーの頭がないことのみ。やはり、この姿の変化から窺われるような「どうあるか」が扉を開く鍵になっているようである。頭はどうなったのか。どうやら、まず胸腔内に降り、さらに腹腔内にまで降りたらしい。胸や腹に顔の輪郭が影になって見えているのはそのためだろう。このイメージに関しては、頭を引っ込める亀との同一化ということも考えられなくはない。しかし、ここで連想されるのは、むしろクンダリニー・ヨーガの象徴学である。

ややこしい話なので、まず結論的なところを簡単に述べておこう。イマジナーの頭は、イマジナー自身の体内の底にあって、これから昇ろうとしている太陽のようになっているのではないか、ということである。昇ってくる前の太陽は地平線の下にあるわけだが、古代からの元型的な感覚においては、昇る前の太陽は地下の闇のなかにあると考えられていた。いま、イマジナーの頭はそのような状態にあるのではなかろうか。これは「黄金を採掘する」のイメージにもつながるところである。黄金は地下の太陽でもあるのだから。

地平線としての横隔膜

クンダリニー・ヨーガにおいては、瞑想のなかで、骨盤底に位置する最低位のチャクラ、ムーラーダーラに眠っている蛇（クンダリニー）を覚醒させ、脊髄に沿って上昇させる（Krishna, 1967; Leadbeater, 1927）が、いちばんの難関は、横隔膜を超えて腹腔内から胸腔内に出るところである。横隔膜の下側、腹腔内には、マニプーラと呼ばれるチャクラがあり、横隔膜の上側、胸腔内にはアナーハタというチャクラが存在する（図15）。

マニプーラは火のチャクラで、火のように燃える情動と強く結びついている。このマニプーラが粗大身（肉体）では太陽神経叢に一致する、という事実は興味深い。太陽神経叢とは、胃の裏側にあって胃腸の運動や感覚を司っている巨大な神経節のことで、集まった神経細胞がちょうど太陽のかたちに見えるところから、その名がある。「腸《はらわた》が煮えくりかえるような」と表現される情動的な経験と密接につながっている。

蛇がマニプーラからアナーハタに昇ると、腹腔内の混沌とした暗闇から胸腔内の明るい空気のなかに出ることになる。横隔膜を地平線に見立てるなら、このとき起きているのは、腹腔内の太陽神経叢、つまり地下の闇のなかにあった太陽がついに地平線から生まれ出て、天空高く上昇していくプロセスである。個性化の観点から見

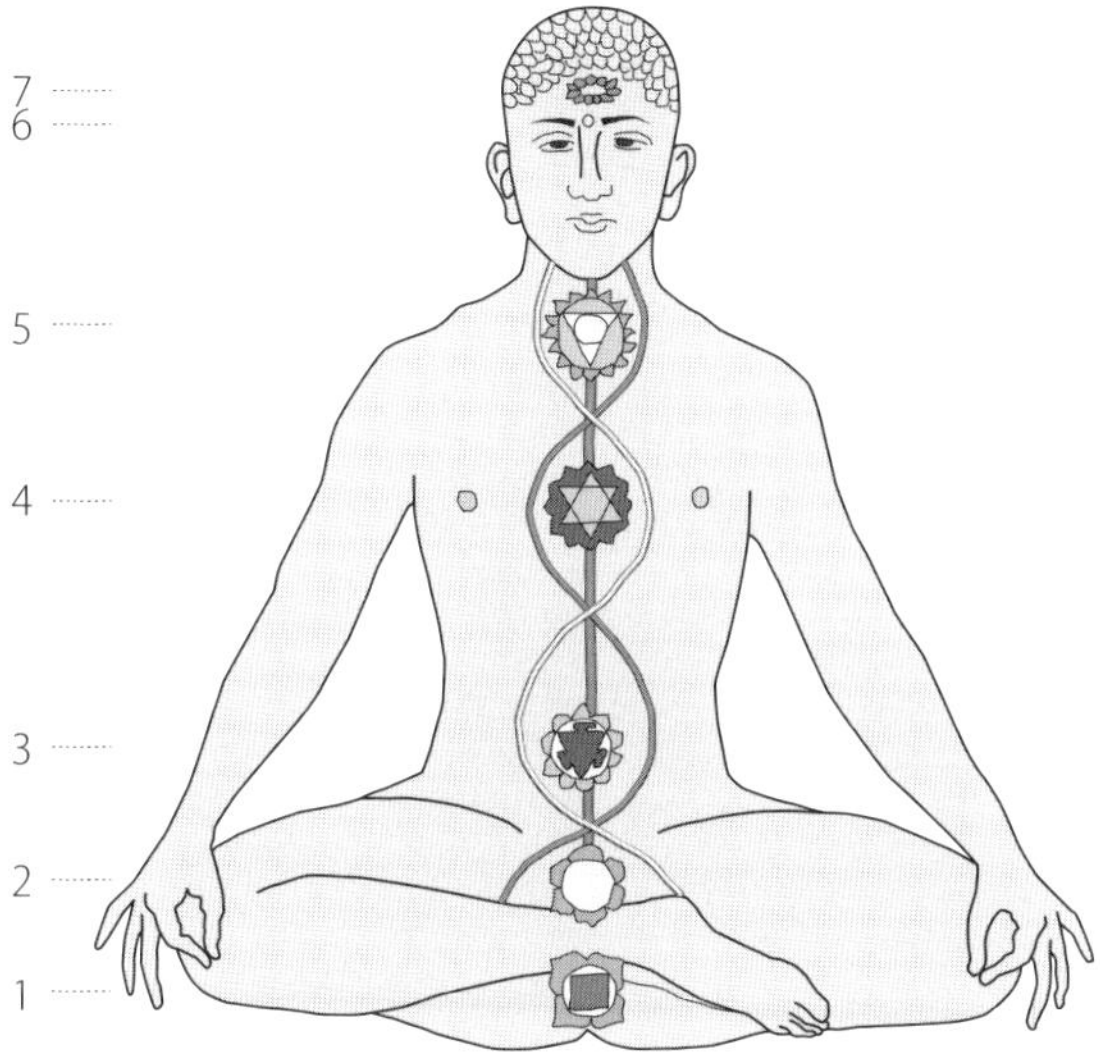

7　サハスラーラ・チャクラ
6　アージュニャー・チャクラ
5　ヴィシュッダ・チャクラ
4　アナーハタ・チャクラ
3　マニプーラ・チャクラ
2　スヴァディシュターナ・チャクラ
1　ムーラーダーラ・チャクラ

図 15　七つのチャクラとスシュムナー（Woodroffe, J., 1919 より，一部改変）

ると、この移行には画期的な意味がある。マニプーラでは混沌とした集合的な心性が優勢だが、アナーハタに上昇すれば、「個」が前景に立つ（Jung, 1996）。アナーハタではプルシャ（セルフ）を垣間見る、といわれる所以《ゆえん》である。

　アナーハタの水準にある人は、集合的な意見や規範に左右されることなく、自身の内奥にある確固たる価値観にもとづいて生きることができる。それは独自の価値観だが、にもかかわらず独善的ではない。そこでの価値判断の基準は、セルフに支えられているがゆえに知恵に満ちており、一時の流行のごとき思潮に惑わされることはない。マニプーラでは情動に支配されて判断をさせられてしまうが、まことに対照的である。

　現代の多くの人の心的状態はマニ

プーラの水準にある。国際関係においても対人関係においてもそれがどれほど深刻な問題をはらんでいるか、誰でも胸に手を当てて考えてみればわかるだろう。ユング（Jung, 1996, 1997）は、自分の心理学の体系がおもにマニプーラからアナーハタへの移行を助けるためにあるという。横隔膜を超えての移行はそれほど難しい仕事なのである。

ところで、古代の人たちは、骨盤底のチャクラから横隔膜を経て頭頂部のチャクラへとひたすら上昇を目指していればよかった。しかし、古式の心身から乖離して久しい現代人は、それと同じではいけない。一度は最下部まで降りて、それから上昇に転じる必要がある。私たちが個性化を目指すには、まず無意識領域に目を向けなければならないのだ。今ある太陽は、新しい太陽として昇ってくるために、いったん沈んで生まれ変わる。

このイマジネーションにおいては、イマジナーが自身の身体の内部を太陽として沈んでいこうとしはじめたことが事態を好転させた。洞窟の内部を進もうとすることも内的な探索であるにはちがいないが、さらにそのなかで直接的にみずからの身体の内部を探索するという、いわば入れ子構造を作ることにより、イマジナーはさらなる深奥を、つまりサトル・ボディを視野に入れつつある。

錬金術書『太陽の光輝』（Henderson & Sherwood, 2003）では、第六の挿画「哲学の木」がこの場面に符合している。あの挿画では、幹や枝が示す上方への伸長と根が示す下方への伸長があり、垂直軸に沿った探索が暗示されていた。そして、注目すべきことに、樹上の鴉たちの一羽は、鴉でありながら頭部が白くなっていた。この白頭の鴉は、ニグレド（黒化）の段階の終末、アルベド（白化）への移行を意味する象徴で、夜明け、つまり日の出を暗示している。さらに、やや強引に梯子に登っている若者は、上方の実りを地上の賢者たちに渡そうとしていた。

ここでのイマジネーションにおける白い光の氾濫は、これから立ち昇ろうとする地下の太陽を思わせるし、イマジナーも強引な力による解決をあきらめて、自身の頭を太陽として白く立ち昇らせんがために、いったん身体というものの最下層に降りていこうとしているらしい。ちなみに、錬金術では、頭がギリシア文字のアルファベットで最後に来るオメガ（Ω）のかたちに似ていることもあって、究極の秘密物質《アルカヌム》を表すことがある（Jung, 1954b）。

類心的な領域へ

イマジナーは自身のあり方を変容させようと試みはじめた。これまでのあり方は死を迫られ、イマジナーはそこに自身のデスマスクを目にしている。

＃17（六月一日①）　まるで白い水のなかにいるような感覚だ。デスマスクの私の顔だけがあり、あとは面、ひたすら続く大きな壁のような身体だ。時空が歪んでいるような感覚さえある。眩しすぎる白い世界も少し落ち着いてきた。白さもだんだんと平穏を取り戻してきた。亀はやはりそこにいる。私と同じように光と身体の同一化をしたかと思っていたが、長い間、年月を重ね何度も経験したかのような落ち着きをもってそこにいる。亀は私に話しかけてきた。「お前は向こうへ行かなければならない」。私「でも、こんな身体になってしまったのに、どのようにして扉の向こうへ行けばいいのか」。私「でも、こんな身体魂で行け。なぜ向こうへ行かなければならないか、わかるか」。私「狐を迎えに行きたい。どうもがいても無理だ」。狐の返事はない。デスマスクの私は、グッと顔を前に突き出して進もうとするが、ダメだ。

＃18（六月一日②）　白い世界はさらに落ち着きを見せ、扉のかたちも見えてきた。扉の向こう、遠くのほうに、狐の姿が見える。小さく座っている。こちらを心配そうに見つめている。デスマスクの私を心配しているのか、狐自身のことを心配しているのか。狐には私の姿がどんなふうに見えているのだろう。やはり壁のようになっているのか。扉の向こうに風の音が聞こえる。草原で聞いたような、なつかしさのある風の音だ。たぶん左から右に吹いている。鈴の音がいっしょに聞こえる。たぶん狐についている鈴の音だろうと思う。でも、どこで拾ったのだろう。デスマスクの私は、顔だけを前へ突き出そうと再度試みる。行けそうな気がする。ぐっと前に顔がのびる。まるで汽車のテレビ「トーマス」のように、千歳飴のように前に少しのびた。亀が言う。「心だ。身体では前に進まぬ。魂で進め」。

＃19（六月五日）　亀の視線、狐の視線を感じる。視線というよりも目そのものを感じる。「心で行く？　魂で行く？　いったいどうすればいいのだ」。私は焦りをなくし、静かに静かにあたりの様子を感じ取ろうとする。お腹くらいの高さにあった私の顔がゆっくりと引き戻り、下がりはじめた。アイスクリームやペンキが下へ垂れるように、ゆっくりゆっくり下がりはじめた。デスマスクの輪郭もだんだんとぼんやりしてきた。壁を擦り降り、地面へ曲がり、前へ進もうとしている、亀のほうへ。

＃20（六月七日）　ゆっくり亀のほうへ流れ、動いていく私。亀の大きな黒い目。ゆっくり亀の目が大きくなる。涙がたまってくる。ひとすじの涙が亀の大きな黒い目から流れ出した。

「心で行く」、「魂で行く」とはどういうことだろうか。これは、身体系個性化の道を歩むNさんにとって、心をどう位置づけるかという深遠な問題に結びついている。「心で行く」といっても、いたずらに念じるばかりでは話にならない。では、どうするか。身体系個性化プロセスにおいては、心が類心的な領域を介して身体につながっていることをときどき思い出してみるべきである。「心で行く」には、類心的な領域を活性化させる必要がある。アクティヴ・イマジネーションもその有力な手段の一つとなるが、とくに錬金術やクンダリニー・ヨーガの風変わりな象徴学に日頃から慣れ親しんでおくとよい。

ここで、イマジナーの身体は液体になろうとしている。この展開は、以下の展開を見るとはっきりしてくるように、錬金術的な色彩が濃い。ただし、イマジナーの身体はおのずから液体と化しているようである。そこにはアクティヴな自我がほとんど伴っていない。そのためもあってだろう、Nさんは、あいついで身体的な災難に見舞われることになる。

六月八日に、Nさんは、トレーニングをしていて腰を痛めた。夜間も動けず、眠れない。しかも、その数日前には、尾骨を強打していた。痛めたのは腰のはずなのに、肋骨の下あたりにコルセットをしないと苦しい、とのことだった。こうした心身症的とも言うべき事態の発生は、偶然であって偶然でない。まさしく、心身の共時的関係性の土台となっている、類心的な無意識の活動によるものと考えられる。

Nさん自身は、この災難を変容に必要な犠牲と感じていた。六月一〇日からおそるおそる再開したスイムのトレーニングでは、痛みでいつもの動きができなかった。ところが、そのときのタイムが自己ベストだったのだ。「脱力して、上半身だけの泳ぎ。それだけでも泳げるものなのだとわかったんです。これまでのトレーニングは何だったのかと思うくらい。腰を痛めたおかげですね」。その日から数日間のイマジネーションを以下に示す。

＃21（六月一〇日）　流れ出した私は、亀の頭の下までゆっくり来た。融け出した鉛か水銀が流れるように、少し張りのある液体となって流れ着いた。そのふちに亀の涙が落ちる。一滴落ちる。流れていた私の体の動きが止まった。

＃22（六月一一日）　流れていたときの私の液のような体は、熱を持っていたのか、亀の涙が落ちたところから湯気のようなものが立ち上がる。その湯気が黄砂か砂金のような黄色がかった煙になった。

#23（六月一二日）水銀のような体と地面との間に、水か油のようなものがしみ出てきた。私の体は流れを止め、固まったようだ。扉の向こうから覗き込むものがいる。顔を出した。大きな蜥蜴《とかげ》のようなものが、こちらに頭を出して見ている。蛇か、蜥蜴か、小さな鰐くらいの大きさのものだ。口を開けた。歯はない。赤い大きな口を開けて、威嚇しているのか、お腹が空いていて餌を探しているのか。私の意識はすでに液体の体から抜け出し、黄金の雲のような物体、砂金かキラキラ、小さな雲のようなものに移り、体もこちらに移ったようだ。その蜥蜴か蛇のような生き物は、私の固まった抜け殻を食べるつもりなのか。

イマジナーの身体は固体から液体へと変化した。スイムにはぴったりかもしれない。「鉛か水銀のような」という錬金術的な表現は、これが類心的な領域のイマジネーションにほかならないことを鮮やかに示している。錬金術において探求されてきたような類心的なイメージ（心が浸透している物質）へと身体が変容していくにつれて、イマジナーは自由に動けるようになり流れ出す。「心で、魂で行く」のである。扉の向こうの世界はかなり近づいた。

ここで亀の涙が重要な役割をはたす。亀の涙といえば、砂浜で産卵する際のそれが連想される。この歳経た亀は嫗《おうな》なのだろうか。一般に亀の涙と思われているものは実際には涙ではないらしいが、ここでもイメージ的には産卵と結びついているかもしれない。その亀の涙は、熱い液体だったイマジナーの身体を融かして気体成分と固体成分とに分離させる。

物質を融かしてよりサトルな状態に変える秘薬を、錬金術師はアルカヘスト（万物溶解剤）と呼んだ。ここでの亀の涙はアルカヘストにほかならない。イマジナーはこのとき、「これは魂にするための涙かな。ほんとにそれで動けるのかな」と思ったらしい。「よりサトルな状態に変える」とは、粗大な物質性を削ぎ落として、心のしみ込んでいる不可視の存在にすることである。インドではこれをなお物質に分類するが、霊ないし魂と同一視することもできる。魂はサトルな第二の身体である。

#17から#23までの展開は、『太陽の光輝』（Henderson & Sherwood, 2003）の第七の挿画「溺れる王」に符合する。水のなかのようなまっ白の世界で浮かび上がるイマジナーのデスマスク。それは、あの挿画のなかで溺れていた王の死を思わせる。従来の支配原理は新たなそれに取って代わられようとしている。しかし、新たな支配原理を象徴する若い王はまだ実力が足りず、その手にある黄金の果実は先取り的なものにすぎなかった。イマジナーが、ここでの黄金の蒸気を現実に根づいたものにするには、さらなる試練が必要となる。

第七章　あるアスリートの個性化をめぐって（Ⅲ）

狐との合一

イマジナーの身体性に対するこれまでの支配原理は溺死し、新しい支配原理が生まれ出てこようとしている。それは今、地下の洞窟のなかで、黄金の蒸気の状態にある。何のために蒸気になったのかといえば、上昇するために決まっている。衰えて沈み、下なる領域で死んだ太陽が、これからはじまる再生に備えているわけである。

#24（六月一三日）「さあ、行きなさい」。亀がやさしく話しかける。砂金の雲になった私は、扉の向こうへ行けると確信するように、亀のほうへ少し流れた。扉が吸い込まれるように閉まっていく。私の体はベールのようになって、風に吸い込まれるように扉をすり抜ける。そこにいたのは大きな蛇だ。二〜三メートルくらいあろうと思える、大きな蛇だ。黄緑色の目をして、こっちを見ている。二本に割れた舌を出す。すごい風が吹きつける。狐が走り寄ってくる。鈴の音が聞こえる。狐の胸にからまった、小さな鈴だ。蛇は私を襲うことなく、まわりの風を気にしている。空が大きく回りはじめた。竜巻が来る。吹き上げられそう

だ。私は狐に近づき、ベールの体を狐に巻きつける。鈴が落ちないように、狐と私と鈴は一つになる。まるで首輪のように、鈴を止め、巻きつく。蛇が風に引きつけられ、上へ持ち上げられはじめた。空の上か、竜巻の目なのか、ポッカリと上空に青い黒い部分が見える。

＃25（六月一四日）　上へ上へ引っ張り上げられる。まるで管のなかを通っているようだ。ストローのなかみたいに、竜巻の中心を上がっていく。蛇は風に引っ張られるのか、体がさらに長く伸びている。まるで竜のように長いのだ。上へくるくる回りながら昇っていく。私がのった狐は、筒の［内側の］ふちを回りながら昇っていて、蛇につかまる。蛇にのるようにして、蛇といっしょに上へ行く。筒のまわりは、まるで水槽を外から見ているようだ。蛇の上の狐もだんだんと伸びてくる。少し大きくなってきた。毛が風にさらされている。蛇にへばりつくように、落ちないように、しっかりとつかむ。蛇のお腹の線［蛇腹］が見える。狐の体から毛が抜けはじめた。毛が風に飛ばされていく。変化していく。人の身体になってきた。それはしだいに人間に、裸の人間になり、鈴のついた金のネックレスをした私になった。

＃26（六月一八日）　蛇の上にのった私は、しがみつかなくてものっていられる。上へ上へ行くにつれて、風が引き上げていく。下では、青く水色のように見えていた円い出口も、黄色がかったオレンジのような色になってきた。出口がまもなく来る。

錬金術の中核部分には蒸留の繰り返しがあった。地下的な要素、下なる無意識に含まれている暗い要素を充分に取り込み、いったん分解し浄化してから上方で再結合させようとしたのである。このイマジネーションでは、蒸気となったイマジナーが、土の精である狐の身体と合一する。狐の身体は人間のそれに、裸のイマジナーのそれに変わっていく。

クンダリニー・ヨーガにおいても、物質性、身体性を洗練されたかたちで上方にもたらす、という点は同じである。骨盤底のチャクラで目覚めたクンダリニーは、上へ上へと昇っていきながら、通りすぎるチャクラを次々と開いていくが、それらのチャクラは下から順に、土のチャクラ、水のチャクラ、火のチャクラ、空気（風）のチャクラといった具合に並んでいる。つまり、物質性がしだいにサトル（微細、精妙）になっていく。

クンダリニーは脊髄に沿って這い上がる、と一般的には説明されている。しかし、正確にいえば、粗大身（肉体）の脊髄に相当する部位にスシュムナーと呼ばれるサトルな管があって、そのなかを上昇していく。イマジネーションのなかで蛇と狐が上がっていく竜巻の筒はこれに照応する。竜（龍）と蛇は同じものだから、この竜巻は蛇みずからが上昇しようとするところから発生しているのだろう。

ここでは、鈴の音が印象的である。鈴の音は＃18ではじめて登場している。＃18では、鈴が扉の向こうに行った狐についていることが語られたが、由来は不明だった。しかし、その鈴の音が草原のなつかしい風の音とともに聞こえてきたことからすると、あの草原でイマジナーが狐に与えた「籾」が姿を変えたものかもしれない。あのときには、籾を食べさせたことについて、稲荷神の使いにして土の精たる狐に種を蒔いたようなものだとコメントしておいたが、狐の鈴はその種が発芽してつけた実なのだろう。

鈴は神や霊魂と交感するための呪具である。鈴を振れば神霊が寄り来たり、神霊が出現すれば鈴が鳴る。だから、神社の拝殿には大きな鈴が吊されているし、巫女の舞にも五十鈴《いすず》が欠かせない。狐の鈴は、その体がイマジナー自身と化すや、金のネックレスのペンダント・トップとなった。イマジナーと狐が身も心（霊）も合一したことがわかる。

蛇の道

Nさんは六月二〇日から本格的にトレーニングを再開した。まだ腰の痛みが残ってはいるが、この状態でスイムの自己最高タイムが出た経験をもとに、アクシデントを逆手に取って活かしていこうという思いを持ってのことである。その前夜のNさんの夢は興味深い。

六月一九日の夢　職場の前の海岸から三〇メートルあたりに、イルカ or スナメリの背鰭のようなものが見えるので、何かと思い近づくと、何かわからない一〇メートルほどの生き物がこちらに一気に迫ってきた。

夢見手は唖然として動けず、恐怖のあまり目が覚めた。そして、この夢の数日後、実際にその海で聞き慣れない大きな音がして、Nさんが目をやると、大きなエイがおり、長い尾が見えたという。同僚は誰も信じてくれなかった。イマジネーションの蛇、夢の長い生き物、そして長い尾を持つ現実のエイ。このような共時的な一致が生じるときには、類心的な領域が活性化されていることが多い。心と身体のただならぬつながりが一気に顕在化するかもしれない。気持ちの準備が必要である。

＃27（六月二一日）　蛇が長く伸びるように、竜巻も長く高くなっている。私は蛇の上を歩きはじめた。上へ上へ歩いている。鱗がしっかりと蛇を覆っている。蛇は回転をやめ、大きくうねるように上へ昇っていく。竜巻はゴーッという音とともにすべてを押し上げていく。

＃28（六月二二日①）　まもなく竜巻のてっぺんに来る。風が少し弱くなってきたのか、上へ引っ張られる力も少し弱く感じる。私は蛇の上をもっと速く走る。もうすぐ蛇の頭のところへ来る。頭だけでも私の体より大きいようだ。

＃29（六月二二日②）　風が弱くなってきた。蛇が引き寄せられなくなっている。竜巻のてっぺんの輪がすぐそこにある。蛇の頭に立った私を、蛇は押し上げるように竜巻の外へ出す。蛇が力尽きたのか、竜巻が小さく弱くなったのか、てっぺんの輪から蛇が落ちていく。竜巻の外に出た私は落ちないように地面へしがみつく。土のにおいと草のにおいがする。裸の私は地面にうつぶせで倒れている。

イマジナーは竜巻の外に放り出されたが、そこは冒頭の舞台になっていた場所だった。「地面に穴があいてた感じですかね。覚えのある場所。ただ、夕陽になっているのがちがいです」とNさん。地下で強烈に輝いていた太陽、そしてイマジナー自身の体内を沈んでいった太陽が、こうして再び地平線に昇ってきた。ただ、不思議なことに、朝陽ではなく夕陽。落ちていった地下の蛇の特性、闇の色合いがしみ込んでいるからだろうか。

それにしても、この蛇ないし竜は何者なのか。クンダリニーと見なすだけでは足りない気もする。狐との組み合わせから連想されるのは、宇迦之御魂神《うかのみたまのかみ》だろうか。宇迦之御魂神は稲荷大明神と同一視され、正体は蛇であるともいう（吉野、一九八〇a、b）。鼠を食べる蛇は五穀を守る神にふさわしい。伏見稲荷の神符には、蛇と狐が描かれている（図16）。宇迦之御魂神の使いである狐が、イマジナーには資格があると認め、あるじとの間を取り持ったのかもしれない。

蛇の象徴するものは多彩である。実りの神であるだけではなく、水の神、地下の神でもある。換言するなら、無意識そのもの。始原の自給自足的な無意識状態は、みずからの尾をくわえる蛇の姿で表現され、ウロボロスと呼ばれてきた。また、意識にはない知恵として、救いや癒しをもたらす。それゆえ、キリストは蛇で象徴され、医神アスクレピオスの杖には蛇が巻きついている。もちろん、旧約聖書の蛇のように悪魔的な面も併せ持つ。

さらに、ここでは蛇が亀とも組み合わされている。亀に蛇が絡まった姿を持つ方位神として玄武があるが、亀が脳の外観と関連づけられるなら、蛇は脊髄のそれである。それゆえ蛇は、中枢神経系発生以前の原始的な神経系、太古の心身を象徴する。それは生命現象を根底で支えているが、中枢神経の立場からすれば、抑制をかけコントロールするべきものとして扱わざるをえない、無意識的なもう一つの神経系である。

こうしたイマジネーションの展開は、『太陽の光輝』（Henderson & Sherwood, 2003）の第八の挿画「エチオピア人（黒い人）」と符合する。あの挿画では、泥のなかから黒い人物が上がってきつつあった。しかも、頭は半透明の赤色で、全身に淡い黄金色を帯びていた。それまで排除してきた生の暗い側面、無意識の闇にも開かれた新しい太陽の出現の瞬間である。ここでのイマジネーションに見られる、地下の蛇との交わり、獣の心身との合一、太陽としての地平線への上昇に、挿画と同一のモチーフを見て取ることは難しくない。

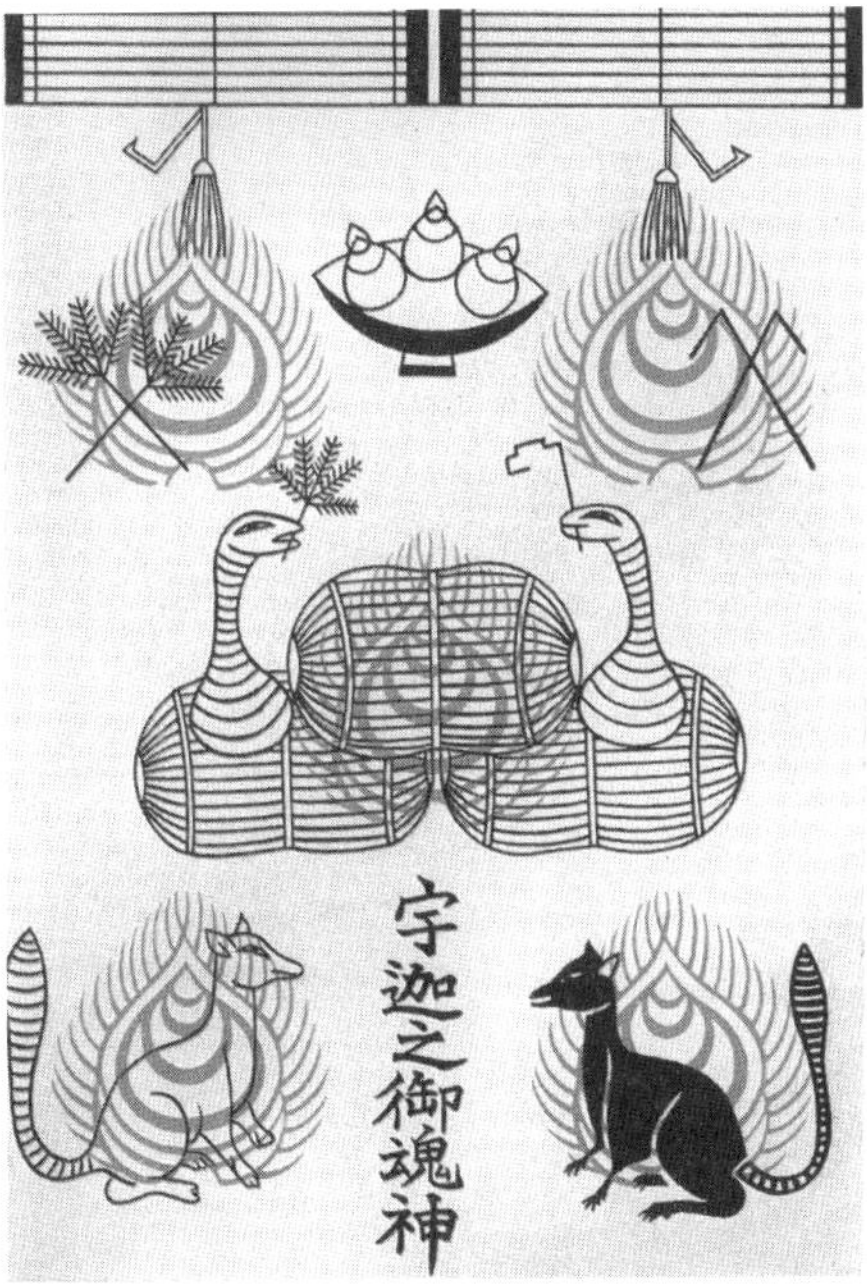

図 16　伏見稲荷大社の神符（吉野裕子，1980a より）

超個人的な次元へ

再び国内での大会が近づいてきている。Nさんにとって、今回は腰痛という不安材料を抱えてのレースになるが、客観的には、思いのほか、淡々と過ごすことができている印象があった。イマジナーは狐との合一を経験し、象徴的な次元では半人半獣ともいいうるような状態になっている。そのことがどう発展していくだろうか。

#30（六月二二日③）　私はゆっくり起き上がろうとする。ぐっと土を握りしめていた指先が痛い。胸やお腹のあたりにも、小さな傷がいくつもできている。四つん這いになった私は視線を感じる。左斜め前に一匹の狐がいる。すました顔の狐は、親狐だろうか。自然と闘っている逞しさや厳しさが、顔から見て取れる。鋭い目つきはエネルギーにあふれている。しかし、やさしさを感じる温かい眼光がある。私はゆっくり立ち上がり、あたりを見回す。夕暮れ時、海を見下ろす小高い丘に立っている。私と狐。太陽が沈みかけている。長く風が吹く。私の身体は今までよりも一まわり大きくなっている。

#31（六月二五日）　丘の上に立っている私。海を見つめている。狐も同じように海を見つめている。突然、左側から強い風が吹きつける。私と狐の身体は、砂でできた身体のようになり、頭から順に下方へ風に飛ばされはじめた。海のほうへ、小さな粒になって、風とともに広がっていく。

狐と一体化して地下から上昇してきたイマジナーだったが、黄昏の丘の上で気がついてみると、狐とは再び分離していた。狐は成獣（親狐）になり、イマジナーも逞しくなっている。Nさんはこのときの身体を「野生の肉体」と形容した。だが、次の瞬間、イマジナーと狐は粒子になって吹き飛ばされ、今度は空中で混じり合っていく。Nさんは、狐とのこの合一と分離の繰り返しについて洞察に満ちた見方を語った。「イマジネーションと実際の体で限界を調整しているのだと思う」と。

まさに、しかり。狐との合一と分離を反復するなかで、イマジナーは、サトル・ボディの超越的な力を現実の肉体がどこまで取り込めるのか、どこまでなら耐えられるのか、試行錯誤しながら探っているようである。これは、意識と無意識の間ならぬ、グロス・ボディとサトル・ボディの間での折衝とも見なせよう。それが公正な手続きに則った折衝であることは、イマジナーと狐の双方が成長していること、つまり両者がウィン・ウィンの関係であることから見て取れる。

＃31のイマジネーションは、じつはレース前日になされたものだった。このときの感覚をNさんはこう語っている。「竜巻から出て、それでゴールしたように思っていました。でも、それとは別の時間が自分のなかにあったんです。化石化して、粒になった自分がすべて同時に存在していました。ただ、あくまでも粒の感覚なので、自分の意志では動けないんですが」。この感覚はレース本番にもつながっていく。

翌六月二六日のレース。Nさんは、バイクとランではシューズに鈴をつけ、「狐はランが得意」と自分に暗示をかけて、集中するよう試みたという。故障を抱えていたため抑え気味で臨んだにもかかわらず、結果は上位に食い込むことができた。とくにバイクでは、後半に腰痛がひどかったがベスト・ラップ。前日のイマジネーションがあったので、「バイクで強風に遭ったときにも、これでいいのだと思って走ることができた」。

その後のランも不思議に快調で、「半眼」の状態になったという。「半眼」とは、例の「調子のいい目」、すなわちゾーンのことである。このときのNさんの表現によれば、「半眼」の状態では「自分が動いているという感覚がなくなり、別人がやっている感じになる」。フロー体験に関して説明したように、極度の集中が自我‐意識を凌駕した状態と考えられる（Csikszentmihalyi, 1990, 1997）。この感覚は、粒子となったイマジナーが、みずからの意志によってではなく風によって動かされている、と感じていたこととつながっているだろう。

森羅万象への浸透

ゆっくり休む暇もなく、二〇日ほどすると次のレースである。今度も上位に入れたら、世界選手権の代表に選ばれる可能性はかなり高まる。痛めた腰の状態も徐々に戻りつつあるので、いやがうえにも期待はふくらむ。そういった心境も一部に反映されているのだろうか、続くイマジネーションはスケールが大きい。

#32（六月二九日）　空高く舞い上がった私。どんどん上がっていく。上昇気流にでものっているようだ。海岸沿いの景色が見える。打ち寄せる白い波。丘。風になびく草木。視界がどんどん変化する。丘の向こう側も見える。もっと高いところからも見える。海へ入っている、粒の私もいる。

#33（七月二日）　地面に落ちた一つの私がいる。昆虫が近くを通る。天道虫《てんとうむし》みたいだ。少し湿った土。ずいぶん高いところまで来ている、一つの私がいる。雲の上へ出そうだ。青い地球が見える。宇宙まで来てよかったのか。

#34（七月三日）　どこかの火山に落ちたのか、地球内部へ行ったのだろうか。マグマが近くを流れている。地中だ。南の島、青い海、椰子の木の下、白い砂といっしょになっている。爽やかな風と波の音。高い山々が見える。川のほとり。広い川。海岸。強い風が小さな私をまた吹き上げる。

イマジナーは無数の粒子と化して、そのすべてに同時に意識が伴っている。イマジナーの存在は宇宙から地球内部まで遍きものとなった。まことに得難い超越的な体験であることはまちがいない。しかし、手放しで喜んでよいかどうかは慎重に判断する必要がある。Nさんは「イメージがどんどん出てきて、記録が間に合わない」といっている。ここでは、自我肥大《インフレーション》が発生している可能性が高い。

自我は、宇宙に遍満するアニマ・ムンディ（世界の魂）ないしはアストラル・ライト（星辰光）として神秘家に知られてきた、壮大な元型的イメージを経験している。身の丈に合っていないので、これが続くと危ない。膨張した自我は広がって、一気に稀薄かつ空虚になっている可能性がある。これは、極度の集中ゆえの自我‐意識の消失という、アクティヴ／パッシヴの別を超えた状態ではない。似て非なるパッシヴな状態である。

この危険がゾーンにも伴いうるものであることはいうまでもない。それは、同じくフロー体験の一種である法悦《エクスタシー》が、古来、熱烈に希求されると同時に、狂気と紙一重の現象として怖れられてきたことからもわかる。Nさん自身、「『半眼』になると、自分が動いているという感覚がないんです。まわりからエネルギーをもらっている感じも意識しません。でも、帰ってこれるのかなと思うことがあります」と述べている。

#35（七月五日）　はるか宇宙から青い地球を見ている私。小さな黒い粒が近づいてくる。ゆっくりゆっくり近づいてくる。私にくっついた。

#36（七月六日）　黒い小さな粒は親狐だ。私といっしょに風に飛ばされた、親狐の一粒だ。親狐が話しかけてくる。「さあ、帰ろうか」。

#37（七月一〇日）　ゆっくりと黒い粒が私を引っ張っていく。くっついた黒い粒の親狐と私は、一つになったような接点。遠く離れた地球に向かってゆっくりと進んでいく。「待って。まだやり残したことがある」。私は黒い粒の親狐に話しかける。黒い粒の親狐はスピードをゆるめ、止まった。「まだ祈っていない」。粒

の私は自分に話すように呟いた。

この時点で、イマジナーは、みずからの遍く広がった存在とその活動に関して、「実際にそれくらい動けるとも考え」ていて、あえて「一つにまとめてはいない」。しかし、無意識の側がすでに補償的な動きをはじめていることがわかる。無意識は自我肥大《インフレーション》の原因になる壮大な内的経験をもたらす反面、それを抑制しようともする。なんとパラドックスに満ちていることか。

シャドウの呼ぶ声

#37の頃には、腰の状態はほぼ回復していた。Nさんは経験豊富なので、回復したからといって羽目を外して突っ走ろうとはしないようにも思われるが、なにしろ七月一七日のレースには世界選手権出場の可否が事実上かかっているのだ。長年の悲願が判断を誤らせることもありうる。無意識はNさんが現実で暴走しないよう、少しブレーキをかけてくれているようである。それは#37の前日の夢にも見て取れた。

七月一〇日の夢　［車を運転していて］踏切で止まっていると、踏切内に人がいる。倒れている。その人を助けようと、同僚［Nさんの］がなかに入った。私は後ろから電車が来ることを知らせようとクラクションを鳴らし、こっちを向いた同僚に、車のなかから電車の来るほうを指す。私は車から降りて、倒れている人のところへ行き、抱きかかえ、踏切の外へ出る。

この夢に関するNさんの連想は興味深い。夢見手が運転している自動車は、かつてトライアスロンをいっしょにはじめた友人が乗っていたのと同じ車種だったのである。ここでは、鉄人レースと呼ばれるトライアスロンを続けている夢見手が、鉄路の犠牲になりかけている人を発見している。そのことが、夢見手を、今まで一〇年以上にわたってレースへと駆り立ててきた車からいったん降りさせ、倒れている人を救出させる。

Nさんのこれまでの人生において、トライアスロンは最重要ともいえる位置を占めてきた。Nさんもそれに見合う並々ならぬ努力を重ねてきた。しかし、だからこそ、犠牲にしてきたものも多かったはずである。もしもトライアスロンに情熱を注いでいなければ、何かほかの創造的な活動ができたかもしれないし、今とはちがう交友関係や人間関係を築いて別のかたちの社会生活を営んでいたかもしれない。

犠牲にしてきたもの、犠牲にしてきた人について、日頃、漠然と思いが至ることはあっても、それらを充分に意識化して心の底から悼むのはけっして容易ではない。そうでなくとも気の滅入る作業であるのにくわえて、とくにアスリートの場合は、競技へのモチベーションの低下を怖れるあまり、この問題をどうしても回避しがちになる。

誤解されては困るのだが、これは、どうしていればよかった、という問題ではない。何かを選んで全身全霊で打ち込むとすれば、選ぶことのできなかった可能性、生きることのできなかった生が必然的に発生してしまうのだから。それがユングのいうシャドウである。誰しもシャドウを避けては通れない。見捨てられたシャドウは、頃合いを見て、自分のほうを顧みよと要求してくる。自我はシャドウを癒し救うことを迫られる。

「頃合い」がどのようなときかいうのは難しいが、その一つは、なにがしかのピークが近づいたときである。つまり、長年の願いが叶いそうなとき、栄光を手にできる可能性が高まったとき、絶好調に近いとき、など。光が最高の明るさに達するとき、影はいちばん暗くなる。そのような明暗がいつにも増してはっきりする瞬間、シャドウがひょっこり顔を出して、状況が一気に暗転することがある。

アスリートは、競技生活を続けている間はシャドウへの直面を先延ばしにしておきたい、と思いがちである。しかし、我欲ではないほんとうのモチベーション、心と身体の全体に支えられたモチベーションは、シャドウへの直面を経ずには出てこないだろう。それを避けていれば、シャドウは邪魔を繰り返すようになる。ここでのイマジネーションや夢を見ていると、もはやいつそういうことが起きてもおかしくないように思われる。

Nさんは、そうした状況のなか、七月一七日のレースに臨むことになった。しかし、Nさんにとって幸運だったのは、いつも以上に厳しいコース設定だったうえに、当日がかなりの悪天候だったことである。荒れた海と険しい山岳が立ちはだかり、さしものNさんもレースに集中できなかった。そのため、ヴィジョンやゾーンも経験しなかった。しかし、今回「自分が動いているという感覚がない」状態になっていたら、「帰ってこれるのかな」という心配が現実のものとなる可能性がありはしなかっただろうか。

Nさんはこれまで以上の記録や順位を目標にしていたが、残念ながら、それははたせなかった。「今回はエゴを出しすぎというか、あと何キロメートルとか、計算ばかりしてました」とNさんは苦笑する。とはいえ、けっして捨てたものではない成績である。世界選手権代表の座を狙える位置にはつけた。

レース終了後も、イマジネーションのなかでは、自我肥大《インフレーション》を抑えて等身大のリアリティに立ち戻らせようとする、補償的な動きが続いていた。なぜ狐が黒い粒なのか。それは、この狐が、イマジナーの動物的な側面も含めて、無意識のなかの暗いシャドウを体現する存在でもあるからである。だからこそ補償的に導くことができるのだ。

#38（七月二五〜二六日）　待ってほしい私を黒い粒はゆっくりと引っ張り、降りていこうとしている。ゆっくりと降りていく私に、散らばった私の粒と狐の黒い粒がどんどんくっついて大きくなっていく。狐の黒い粒も私の粒も同化している。だんだんと重くなり、大きくなり、もとの姿に戻りながら降りていく。雲のなかを通り抜ける。もといた小高い丘の草の上に横たわっている。うつぶせの私。身体が少し逞しくなっ

ている。ゆっくりと立ち上がる。

狐に由来する黒い粒は、「まだ祈っていない」というイマジナーに充分な暇を与えることなく地上へと降ろそうとする。なぜ待ってくれないのか。おそらく、ここでの祈りは自我のためのものにしかなりえないからである。踏切の夢に示唆されていたように、トライアスロンの追求に伴うシャドウが充分に意識化されないかぎり、そこには自我のための幸福しか存在しない。求められるべきは、心全体のため、心身全体のための福祉である。

この段階は、シャドウの問題も含めて、『太陽の光輝』(Henderson & Sherwood, 2003) の第九の挿画「両性具有者」にある象徴と符合する。あの挿画では、凹面鏡の楯によって大宇宙と小宇宙の照応が示されていた。イマジネーションのなかの森羅万象を見つめる粒子としてのイマジナー、宇宙の隅々にまで浸透したイマジナーは、まさに心と世界との照応関係を体現している。宇宙大のスケールを持つイマジネーションは自我肥大傾向《インフレーション》をはらんでいるが、Nさんが世界選手権代表に選ばれうる成績を残したことを考えると、誇大な空想とばかりもいえない。Nさんが真に大宇宙と小宇宙の共時的な照応を生きていた部分はまちがいなくあった。

しかし、そこで問題になるのが、イマジナーと狐の関係である。イマジナーの粒子と狐の粒子は宇宙空間で混じり合っており、挿画の両性具有者と重なるところがある。狐の性別がわからないので「両性」かどうかは不明だが、半人半獣なら、通常ありえざる結合体であることは似通っている。挿画の両性具有者は黒い衣装を身につけており、第八の挿画「エチオピア人」におけるシャドウの問題が未解決であることが示されていた。イマジネーションにおいても、イマジナーのシャドウの問題がいっそう不可避的なものとして立ち現れてきている。

第八章　あるアスリートの個性化をめぐって（Ⅳ）

千尋の谷へ

『太陽の光輝』の第九の挿画「両性具有者」は、対立し合うものの結合を象徴するイメージではあるが、早すぎる結合だった。未生の可能性が限定的な条件下で先取り的にかたちを取ったものである。つまり、これはまだまぐれにすぎない、と感じさせるような状態。心理療法でいえば、セラピストのもとに通っている間は具合がよいのにやめるとすぐぶり返すといった状態、アスリートの場合なら、特定のトレーニング環境のもとでは好成績を残せるがそこから離れると不安定になるといった状態に相当するかもしれない。

スポーツの世界だけで考えるならそれでよいとしても、個性化という観点から見ると、目的の実現に向けてさらなる一押しがいる。逆にいえば、ここからいちばん厳しい段階に入るわけである。それは、個としてのほんとうの心と身体が確固として立ち現れてくるための産みの苦しみといってもよく、身体系個性化のプロセスがNさんのなかからおのずと輝き出てくるようになるために不可欠の段階である。

＃39（七月二六日）　赤い色をした目で見つめる親狐がいる。立ち上がった私から少し距離を置いている。茶と灰色をした狐。落ちついた視線だ。風が吹いてきた。あたりも薄暗くなってきた。親狐の目は赤から黄色に変わりはじめた。

＃40（七月二七日）　私と狐は互いに見つめている。突然、狐が私に跳びついてきた。左手首の少し上に咬みついた。私はびっくりして、後ろへさがる。狐はすぐに離れた。左手が痛い。傷になっている。歯型がうっすらついている。血も出ている。

＃41（八月五日）　向き合っている狐と私。狐が近づき、鼻先で押してくる。私は踏ん張っているが、狐のほうが力が強い。狐は頭、体、全身を使って、押したり突いたりしてくる。私はわけがわからないまま、あれよあれよという間に押され、後ろ向きになる。バランスを崩し、海の崖っぷちへ押される。小高い丘の端っこまで来た。海へ落ちそうだ。立ったまま、前向きで海のほうへ滑り落ちる。足もとは軟らかい土だ。踵で土を崩しながら滑り、降りていく。

丘に戻ってきたときには、まだ「左肩あたりが未完成で、ゼリー状で、戻りきれてない感じ」があり、イマジナーはこの展開に戸惑っていた。そして、「狐の子別れ」を連想した。親狐は、時期が来ると、子狐の独り立ちを促すために激しく攻撃するのである。イマジネーションのなかの狐はなぜこのような行動に出たのか。＃40と＃41の間には、イマジナーに理由を意識化させようとする夢もあった。以下のようなものである。

七月三〇日の夢（梗概）　誰かのお通夜に車で行く。私の車はジャガー。ジャガーに乗っていることを知られたくないので苦労する。閉まるギリギリになって、ひとりで駐車場に戻ると、車はパンクさせられ、ジャッキで持ち上げられている。

弔われるべき死者は、むろん、これまでの夢見手自身である。一方で、夢見手はジャガーに乗っているが、これは、イマジネーションで狐と同化したことと関係があるのだろう。Nさんは、実際、ジャガーに乗りたいと思っていたこともあったらしい。高級車ジャガーは高いステータスを象徴しているが、ここでの葬儀にはそぐわない。通夜の間に、ジャガーのほうもおシャカになっている。死者とともに葬られなければならないのである。

狐がいた間にイマジナーが達成してきたことは、あくまでも狐との二人三脚があってのものだった。しかし、狐に導かれていたイマジナーは、もはや殺されなければならない。そして、新たなイマジナーとして生まれ出てこなければならない。もう独り立ちの時期に差しかかっているのである。「狐の子別れ」という連想は、ズバリ正鵠を射ている。

もっとも、Nさんはすでに成熟した立派な社会人であり、現実に過度の依存を示すようなことはない。ここでいう「独り立ち」とは、イマジネーションにおける狐との関係性を、あるいは面接室における分析家との関係性を、さらに内向的に深化させることを指す。つまり、狐の姿で表されている力をイマジナー自身のなかに一つの機能として位置づけること、内なる力として再発見することである。それはまだ外なる力にとどまっている。

独り立ちへの岐路

はたして、そのメッセージはどれくらい伝わっただろうか。Nさんの直後のイマジネーションと夢を見てみよう。

＃42（八月七日）　滑り落ちそうになる。この崖から落ちると、大怪我ではすまない。右側に大きな石が出ている。右腕をかけて、しがみつく。やっと身体が止まる。足もとはしっかりとしている。安定している。上に登っていくのは無理みたいだ。左に崖づたいに移動する。少しずつ降りていくことにする。上から海を見ていると、この崖の下に波が入り込んでいく。洞窟があるみたいだ。まだまだ距離がある。いくら足もとがしっかりしていても、こんなに高い崖だ。充分、注意しないとだめだ。ゆっくりゆっくり降りていく。鳥が一羽、近づいてきた。白い鳥。鴎のようだ。何か口にくわえている。餌になる魚か。私に落としてきた。

八月八日の夢　いつもの面接時間。老松先生の前で、自分のレポート［夢とイマジネーションの記録］を膝の上に置いて読んでいる。読んでいるものは般若心経で、レポートにはちがうこと［イマジネーション＃42の内容］を書いてあるのに、唱えている。途中まで唱えたところでハッと気づいて、「すみませんでした。まちがえました」といって、レポートを読みはじめる。その間、老松先生はとくに変わった様子はない。

この夢での般若心経は、イマジネーション＃37にあった「祈り」と関係があるように思える。Nさんはかつて五年ほど、毎日、朝夕に般若心経を唱えていたという。「守ってもらっている感じで。肝心なときだけ唱えるのは変だと思って」とのことだった。いうまでもなく、面接の恒常的な時間と空間での般若心経に象徴されるような堅固な守りはつねに必要である。しかし、その守りは、やはり自身の内に見出していかなければならない。

イマジネーションのなかで、粒の狐は、祈りたいというイマジナーの願いをあえて退けた。そして、今や、「子別れ」を決行している。この夢で、夢見手が自分のまちがいに気づいたことの意義は大きい。しかし、面接がはじまってまだ半年も経たない時期にもうこのような課題が提示されたことは、じつのところ、驚きである。これは珍しい。夢見手が意識せずにいたのも無理はないと思う。

「珍しい」というのは、一般の分析的な心理療法と比べてである。おそらく、この「子別れ」の時期の早さは、トップクラスのアスリートならではのことだろう。通常の分析では、個性化の歩みはもっとずっとスロー・ペースである。私たちは、いかなる現実的な事情があってもゆっくり着実に、をモットーとしている。ある意味では、一生を費やしても損はない作業なのだ。しかし、アスリートの選手生命は限られている。「一生」は短い。

夢におけるこの洞察は、イマジネーションのなかで白い鳥が何かを落としてきたのに気づいたことに対応している。イマジナーはその何かをしっかり受け止めなければならない。ところが、イマジナーは今、切り立った崖の途中で岩壁にしがみついている状態である。手を出してキャッチするわけにはいかない。はたしてどうすればよいのだろうか。

#43（八月一一日）　嘴にくわえた餌を私に食べさせようと、白い鳥は再度近づいてくる。よく見ると、魚を嘴でちぎったようなものをくわえている。内臓のようなものもいっしょにぶら下がっている。生の食べ物だ。私の左上を飛んでいる白い鳥は、私の口に落としてきた。私はその餌を食べようという気はない。でも、白い鳥はうまく私の口をめがけて落としてくる。

#44（八月一六日）　餌が口のなかに落ちてきた。ほんとうにスポッと落とし込まれたような感じで、一気に喉にまで入り込んだ。白い鳥が少し離れていく。その嘴から細い赤い糸が出ている。それはさっき落とし込んだ餌にくっついていて、私の口、喉につながっている。ピンと張った赤い糸。白い鳥が離れると、赤い糸も長く伸びる。そのうちに、白い鳥が私を引っ張ろうとしているのがわかった。崖につかまっている私

を引っ張るなんて、落ちれば死んでしまう。手を離して赤い糸を切ろうとすると、そのときに落ちてしまうのがわかる。両手でしっかりとしがみつくが、白い鳥の力は強く、私の顎が上がってきた。

かなり風変わりなイメージである。管見の及ぶかぎりでは、多少とも関連がありそうなイメージは、錬金術の諸象徴以外にほとんど見出せない。Nさんのイマジネーションの展開のなかで、イメージがそのような特徴をこれほど見せるのははじめてのことである。これまでのイメージは心《こころ》系個性化プロセスにも多少は見られるものであり、身体系個性化に特有のものではなかった。Nさんは、ここに来て、さらに本格的な身体系個性化に足を踏み入れたのではなかろうか。

この展開から、身体系個性化にとって、身体の営みにまつわるシャドウに対峙しようとする覚悟がいかにたいせつか、よくわかる。そのことは、何かの生き物の内臓を呑まされようとしているというイメージ自体にも現れている。「内臓、とても嫌だったですけど……」という言葉から、向き合う覚悟が伝わってくると思う。そして、「こっちがというより、まわりが犠牲になってきてるなあ」としみじみ述懐するNさんがそこにはいた。

たいせつなものだからこそ

八月中旬、ついにNさんは、世界選手権出場に関する推薦をしかるべき機関からもらうことができた。代表に選出されることは、これでもう確実。歓びもひとしおのNさんだが、イマジネーションによる個性化の作業の継続に怠りはなかった。

#45（八月二三日）　白い鳥に太陽の光が当たっている。しだいに、白い鳥は、太陽の光に変化してきている。

ゆっくりと色がしみこむように、黄からオレンジ色に変わっている。赤い糸も太陽の光にさらされて輝いている。

#46（八月二五日①）　白い鳥は力強さが増してきた。鳥そのものが大きくなっている。大鷲くらいの大きな鳥だ。私よりも大きいだろう。はばたく風が私の顔に当たる。あたりの空気が動くようだ。まるで、色の変化をするたびに太陽からエネルギーをもらうかのように、力強くなる。すでに白の色は黄金色になっている。細い糸も鳥のエネルギーが伝わるかのように、どんどんと色が変化している。ちょうどまん中あたりは銀色になっている。というよりも、銀の糸になっている。

#47（八月二五日②）　餌が引っかかっている喉が灼けるように痛い。力強く引っ張られると、痛みで手を離してしまいそうだ。鳥のはばたきで、金の粉が火の粉のように飛んでくる。鳥はさらに舞い上がり、ぐいぐい引っ張る。それでも、糸は切れない。

糸はしだいに金属に変化してきている。そのためNさんは、「このままでは、糸からずっと伝わってきて自分まで銅像とか固く動かないものにされてしまいそうな気がして、少し心配になった」と真情を吐露した。この心配はもっともな気がする。なにしろ、身体系のものと考えられる風変わりなイメージが優勢になっているだけに、一般的な（心系）個性化プロセスとは異なるどんな展開が起きるか、わかったものではないのだから。

一方、少し安心してよい要素もあるのではないかと思う。ここまでイマジナーは、錬金術特有の奇異なイメージ展開とまではいかずとも、象徴的な次元での金属の錬成はずいぶん重ねてきた。だから、すでにかなり金属化されているにちがいない。となると、イマジナー自身のなかに蓄積されてきた、努力の成果としての「金属性」

のようなものが、この糸を通して吸い取られつつある、ということもありうるのではなかろうか。なぜここで、イマジナー自身の抱いた思いとはまるで異なる推測をわざわざ提示するのか。それはこういうわけである。狐の身体の同化が必要ながらも早すぎる結合だったのなら、将来におけるその真の成就を確かなものとするには、いわば早産したものをいったん吸い取って可能性の水準に戻し、機が熟すまでたいせつに保存しておかなければならない。そのための動きが無意識のなかから生じてくることがありうるからである。

＃48（九月二日）鳥と私をつなぐ糸は、しだいに金属の細い棒になった。鳥は上へ引っ張るのをやめて、私の顔の高さまで降りてきた。そのまま私を崖沿いに引いていく。私は慎重に崖を左下に降りていく。鳥は私よりも少し低いところまで降りているので、ちょうど棒が杖のようになり、私の身体は安定している。崖の下のほうまで降りてくると、土ではなく黒い火山岩のような岩になっている。滑り落ちることはないようだ。手もしっかりと岩をつかむことができる。波しぶきが、小さくなって風にのって飛んでくる。顔に当たる。少し塩辛い。あともう少しで降りられるところまでくると、鳥が大きく後ろにはばたいた。喉に止まっていたと思っていた餌もお腹のところまで来ていたようで、嗚咽といっしょに一気に抜け出てきた。鳥もその細い棒を離し、棒は海へ落ちていった。「じゅっ」という音がする。ちょうど、熱した棒が海水で一気に冷えたような音が聞こえた。そのまま海底へ沈んでいくが、波が白くなり、すぐに見えなくなった。私は気を取り直し、崖に沿って洞窟のほうへ向かった。強く打ち寄せる波とその音に少し恐怖を感じる。洞窟は暗く、入口からすぐ奥のところも見えない。海水が大きくうねりながら出たり入ったりしている。入口は大きいが、人が歩けるところは狭く、気をつけて通らなければ海へ落ちて波に呑まれそうだ。

この展開を見ると、先ほど提示した推測もあながち的外れではなかったように思われる。そして、それは、『太陽の光輝』（Henderson & Sherwood, 2003）の第一〇の挿画「黄金の首」の象徴学と符合する。あの挿画では、黄金の首を切断するという衝撃的なやり方で、時期尚早なかりそめの目的成就をいったんご破算にするとともに、ほんとうに孵化する時期が来るまでさらに内的に温めながら隠しておけるよう試みていた。そう思って見直してみると、このイマジネーションでも似たことが起きているのがわかるはずである。

なお、ここでのイマジネーションをめぐっては、白い鳥の不可解な行動を検討するという課題がなおも一部残っている。そのことは今の段階では少し考察しにくいため、じつはあえてここまで先送りしてきたのだった。次節で紹介するイマジネーションの展開も見てもらってから考えていきたいと思っている。

男が孕む

八月三一日、Nさんは、世界選手権への出場の内定通知を手にした。さらに一週間ほどして、正式な連絡もあった。Nさんは、一〇月はじめに、トライアスロンの聖地とされている海外の開催地に向けて出発することになる。その数日後が本番である。現実におけるトレーニングも、イマジネーションにおける個性化も、最後の追い込みに入っていく。

＃49（九月二日②）濡れた壁をしっかりつかんで、少し奥のほうへ進んでみる。白いものが空中にぼんやりと浮かんでいる。何か大きな繭のようだ。ちょうど楕円形の西瓜みたいだ。それが二つ、右と左にあり、洞窟の目のように見える。私は恐怖心を抑えて、ゆっくりと奥へ進む。白い二つの目は、動く気配はない。こっちに襲ってくることがないのがわかる。時間とともに暗さに目が慣れてくる。白い大きな目のようなものは、少し高い岩の上にある。ちょうど私の胸の高さくらいにある。白い布だ。何か巻かれてある。ゆっくりと近づき覗き込むと、それは生まれたばかりの赤ちゃんだ。産着に巻かれている。眠っている。私は驚きとともに愛おしさが湧いてきて、そっと抱き上げ、腕に抱き締める。赤ちゃんは動かず、眠ったままだ。私は強い歓びと安堵を感じている。

Nさんはこう語る。「これ見てから、すごいパワーをもらった気がしました。うれしくて、もう少し味わっていたくて、イマジネーションが進むのを少し止めてたんです」。無意識には無意識の自律性があるので、自我の都合で一方的にイマジネーションの進展を押しとどめてしまうのは、本来、あまり望ましいことではない。とはいえ、なにしろ、この段階に至っての新しい生命の誕生である。

生命の発生と誕生は、身体系個性化プロセスを考えていくうえで特別な場所を占めている。というのも、このできごとは心と身体が直接につながる稀有な現象だからである。驚くべきことに、身体という物質に生命が宿り、人間的な心が存在をはじめるのだ。どうやら、イマジナーの心身における創造性がピークに達しつつあるらしい。強い歓びと安堵が感じられるのも自然なことと思われる。

けれども、崖っぷちでの白い鳥との攻防から、どうしてこの子どもたちの誕生へと発展したのだろうか。この展開の必然性を理解するのはなかなか難しい。じつは、これを考えるためのヒントになりそうなヴィジョンをNさんは経験していた。それは、Nさんが習慣としている短時間の瞑想を行なっていた際、不意に訪れてきた。以下のヴィジョンである。

三月一六日のヴィジョン　私のお腹のなかにある洞窟で、ひとりの全身銀色の人が胡座で座って修行のようなことをしている様子が急に見えた。蝋燭が両サイド、頭くらいのところに灯っており、蝋燭の光だけでボーッと見える。

このヴィジョンは、ユング（Jung, 1971/1987）のよく知られている夢を思い起こさせる。その夢のなかでユングは、丘を散策していて、小さな礼拝堂に行き着く。扉を開けてみると、なかではひとりのヨーガ行者が瞑想をしていた。ユングはそのとき、自分のほうがその行者の瞑想のなかの登場人物にすぎず、彼が目を開ければ自分も消えてしまう、ということを悟る。すなわち、自分という存在の本質が自我にではなくセルフにあることを洞察した。

Nさんのヴィジョンは、洞窟の内部であること、両サイドにぼんやりと光っているものが見えることなど、#49の状況とよく似ている。ことによると、このイマジネーション自体、ここには姿のない行者、つまりセルフが見ている夢なのかもしれない。となると、あのイマジネーションは、イマジナーの体内ないしは胎内にセルフとしての子どもが宿った状況を表しているとも考えられる。心身の全体としてのセルフが、である。

しかし、イマジネーションの世界とはいえ、男が胎内に子を孕むということをどう考えたらよいだろうか。ありえないようにも思われるが、身体系個性化の観点に立つと、案外そうでもない。たとえば煉丹術というものがある。煉丹術は、西洋の錬金術に相当するが少しちがっていて、黄金を製造するというより不老不死、不老長生を目的としている。そのための仙丹を物質的に作ろうとする外向的な研究はもちろんあったが、錬金術と同様、内向的な瞑想の作業も熱心になされていた。そして、そのような瞑想のなかでは、男性の妊娠というイメージが重視されていたのである。

唐時代の有名な道士、呂洞賓《りょどうひん》（呂厳）の教えに源を持つ『太乙金華宗旨』、そして同じ流れの上にある柳華陽の『慧命経』などは、煉丹術的な瞑想の書で、そのドイツ語訳が出版された際にはユング（Jung, 1929）も注解を書いている。これらの瞑想においては道士（男）が全身に気をめぐらせる（小周天、図14参照）のだが、それにより、体内にあるとされる竅《きょう》というサトルな袋に道《タオ》を赤子として孕むこと、そしてそれを産み育むことを目指す。この子どもがセルフに相当し、永遠なる超越的な力を発揮しうる存在であることはいうまでもない。

黄金の矢

さて、男の妊娠および出産という身体系個性化に特徴的と思われるイメージに少しなじみができたところで、例の白い鳥の不可解な行動について考えてみよう。あの鳥は、魚の切れ端のようなものを、崖にへばりついているイマジナーの上空から落として、無理矢理に呑み込ませた。それには赤い糸がついていて、鳥とイマジナーはこの糸でつながった。この丈夫な糸を鳥が引っ張るものだから、イマジナーは崖から何度となく落ちかける。鳥は白から黄金色へと変わりながら巨大化し、その翼からは金の粉が飛んでくるようになる。それとともに、糸は硬度を増して、銀の細い棒と化した。崖の下部では、それがかえってつっかい棒のような働きをはたし、イマジナーとしては助かっている。しかし、あと少しで降りられるというところで、鳥が急に羽ばたくと、棒はイマジナーの喉から抜け、鳥もそれを離す。棒は海に落ち、熱い金属が水で急冷されたかのような音を立てた。

身体系個性化のプロセスにあっては男も妊娠しうるという観念を持って、このようにイマジネーションの展開をたどり直してみると、この鳥の行動がイマジナーを孕ませるためのものだったことがわかると思う。鳥の体は夕陽を背景に巨大化して黄金色に変わった。そして、黄金の粉が舞っている。ここでは、この鳥に太陽のイメージが重ねられていることが見て取れるだろう。鳥は大鷲をも思わせるような姿をしている。鷲が鳥の王であることと、それゆえに太陽の象徴でもあることは、よく知られている。

この鳥が太陽の象徴なら、嘴から垂れている糸は何なのだろう。それははじめ赤かったが、あとで銀色になっていく。しかも、銀色に輝く金属の棒と化したのだ。そして、それは非常に熱い。これを、太陽としての鳥からイマジナーに向けて放たれた一条の光線と見なしても、さほど的はずれではあるまい。それがイマジナーを孕ませたのである。

太陽の光線が生命付与的な特性を有していることは、それが動植物の生の営みの根源であり、すべてのエネルギーの源であるという事実からしても疑問の余地がない。太陽の光線がなぜ棒なのかという点は説明しにくいが、太陽の光線が人を妊娠させるときにはそういうことが起こる。それは、丹塗矢《にぬりや》（あるいはその異形としての黄金の矢）伝説と呼ばれる元型的イメージと関係がある。

丹塗矢とは、読んで字のごとく、丹を塗った矢である。ここで言う丹は、丹頂鶴の丹と同じく、赤ないしは朱色を指す。神社の鳥居や柱などに塗られている、あの色である。これは、本来、辰砂という赤い色をした硫化水銀の鉱石のことだった。丹が神社で使われるのは材の腐食防止が目的だが、丹はもともと神仙的なことがらに関係が深い。そして、「丹精」、「丹念」、「丹田」などの語からもわかるように、ものごとの精髄を意味する。

とくに煉丹術では、水銀が死体の腐食をも防ぐことから、不老不死をもたらす仙丹（霊薬）として珍重されることがあった。西洋の錬金術でも、金属でありながら常温では液体の性質を示し加熱すればたちまちにして蒸発する水銀、すなわち神出鬼没のメルクリウスは、術の成否の鍵を握る秘薬として重視された。

丹塗矢伝説にはいくつかのバリエーションがある。三輪山の大物主大神《おほものぬしのおほかみ》は丹塗矢に姿を変え、用を足していた娘と交わった。また、上賀茂神社の祭神、賀茂《かも》別雷大神《わけいかづちのおほかみ》もよく似たできごとによって生まれたとされる。一方、島根県松江市の佐太《さだ》神社に祀られる佐太大神《さだのおほかみ》の誕生譚も興味深い。この大神は、太陽神と考えられる猿田彦大神《さるたひこのおほかみ》と同体である。佐太大神は、佐太神社にほど近い海岸にある、加賀潜戸《かかのくけど》という巨大な海蝕洞で生まれたとされている。流れ来た黄金の矢を母神がこの暗い洞窟に向けて放ったとき、大神が生まれたという。ここでは、洞窟が女性器、黄金の矢が男性器に見立てられている。この矢の出自は太陽にあると考えられる。それは洞窟に射し込んできた太陽の光線にほかならない。

Nさんのイマジネーションに戻ろう。イマジナーは滑落しそうになりながらも、なんとか崖を降りていく。その間に、太陽の鳥である鷲によって孕むのだが、そのあとで下方の洞窟に入ってみると赤ん坊がいた。考えようによっては、そこはイマジナーの喉の奥、腹のなかであり、煉丹術でいう竅と同様に、胎児を育む子宮ということになるかもしれない。

イマジナーが鳥に導かれて崖を降りていくのは、落日を象徴している。実際、この場面は黄昏時である。『太陽の光輝』における黄金の首の切断と隠匿のモチーフに見られたように、先取り的な合一はいったん止められ、将来の真の合一の土台とするために水面下ないしは地下に埋められるのである。このとき、男であるイマジナーが女性的なあり方を鳥によって引き出され、両性具有的になっているのは、まことに理に適った展開だったといってよいだろう。

先ほど少しふれた『太乙金華宗旨』や『慧命経』においては、道士が瞑想の過程で、子宮としての竅に赤子を孕み、出産する。サトルな身体の解放であるが、次には、この新たに生まれた瞑想者の化身から、多くの化身が生まれてくる。そして、さらには、それらの化身の一体一体からもっと多くの化身が生み出されていく。そのようにして道《タオ》は実現されるのだという。つまり、サトル・ボディが何次にもわたってサトル・ボディを生み出し、大と小の一致したフラクタルなマンダラをなすようになるのである。イマジナーはこれから、そのような作業をしていかなければならないのかもしれない。

世界選手権へ

世界選手権まで、あと一カ月もない。その間のイマジネーションを一気に見てみよう。ただし、この部分についての解説は控えたい。というのも、このあとの洞窟のなかでのイメージの展開は、これまでよりも格段に内向的な性格を帯びており、Nさんのプライバシーにかなり踏み込まないと説明しにくいからである。そのような性格は真の合一に向けて必要とされるものであり、『太陽の光輝』（Hencerson & Sherwood, 2003）の第一一の挿画「浴槽の錬金術師」に暗示されている内向のモチーフと符合する。

あえて一つだけ、コメントを付すとすれば、次のようなことがある。以下の展開のなかで、ふたりの子どものうち、ひとりは死んでしまう。そこには、Nさんの選手生命の終焉が暗示されているのだと私は思う。身体系個性化といっても、焦点が個性化にあることに変わりはない。したがって、そこで問題とされているのは生そのものである。Nさんの人生の転機は迫っている。今後の生き方をどうするか、選ばなければならなくなるときは近い。

＃50（九月一六日①）　小さな顔をしている。安心しているように眠っている。抱き締めるうちに、少しずつ温かくなってくる。それとともに重みが伝わってくる。ほんとうに軽い重みだ。少し痩せている。お尻も小さい。たぶん男の子だと思う。柔らかい白い綿に包まれている。この子を抱いたまま、もうひとりのほうへ歩き出す。目が暗さに慣れてきたといっても、足もとは岩で歩きにくい。赤ちゃんを抱いているので、慎重に歩く。波の音は小さくなってきた。波は少しおさまったようだ。洞窟の奥のほうで、天井から滴が落ちているようだ。ピチッという音が聞こえる。大きな洞窟だと思っていたが、なかは少し狭くなっている。

＃51（九月一六日②）　もうひとりの赤ちゃんを覗き込む。こちらもスヤスヤとよく眠っている。同じように白い綿の布でくるまれている。少しふっくらとした顔だ。ふたりとも安心しているように眠っているので、その顔を見て、私は少しやすらいだ。ひとり目の子をそっと足もとに寝かせ、この子を抱き上げる。この子のほうが少し重い。左に頭を、右手でお腹を抱える。やはりこの子のほうがふっくらとしていて重い。たぶん女の子だと思う。

#52（九月二〇日）　いま抱いている子どもをそのままに、ひとり目の子どもを足もとから抱き上げる。ふたりをいっしょに抱き上げて顔を見る。双子のようによく似ている。いったいどうしたものか。この子たちの親はどこに行っているのだろうか。私は少し困ってしまう。ポチャンと洞窟の奥で滴が落ちる音がする。洞窟の外へ連れていってやりたいが、目の前の出口から出られても、このふたりを抱いたまま上へは登っていけない。波はなくなり、とても凪いだ海だ。洞窟の入口まできている海面に月が映っている。青い海面に白い月がくっきりと映っている。満月のようだ。

#53（九月二三日）　夜に動くことは危険だと思い、今晩はこの子たちといっしょに休むことにする。海面に映った月明かりが反射して、洞窟のなかもぼんやりと明るい。奥のほうは少し上り坂になっている。ずっと奥まであリそうだ。夜空の月を見上げ、海面の月を見る。まったく同じ月が二つある。この子たちの顔は月明かりで照らされ、透けるように白い。私は急に怖くなった。この子たちは神の使いか、または神そのもののように感じ、祀ってあった子たちを抱いてはいけなかったように感じる。洞窟の奥のほうに何か気配を感じる。誰かいるみたいだ。誰かに見られているように感じる。「誰かいるのですか」と左側に顔を向け、洞窟のなかに向かって話しかけた。

#54（九月二九日）　洞窟のほうからゆるい風が吹いてきた。海面に映った月が揺れている。私はゆっくりと洞窟の奥のほうを振り返り、見る。「そこにいるのは誰だ」。きつく問いかける。子どもたちをぐっと力を込めて抱き締める。私は身構えた。両手がふさがっているので、少し焦りを覚えた。この子どもたちをなん

とか守らなければならない。

＃55（一〇月三日）　頭を垂れた黄金の狐がゆっくりと出てきた。月明かりだけでキラキラと輝く狐は美しい。私を襲ってくることはなさそうだ。狐は洞窟の入口のところまで出てきた。狐に先導されるように、後ろに女性がいる。洞窟の少し入ったところで止まっているので、全身が見えない。上半身だけがうっすらと見える。紫色の着物を着ているようだ。長い髪を束ねている。少しの月明かりでも、この女性の透けるような白い肌が見える。同じように白い肌のこのふたりの子どもの母親だとわかる。私は両腕に抱いているふたりを見つめる。左に抱えた子が目を覚ましている。ぱっちりとした大きな目と瞳をしている。だんだんとこの子の顔色が青白くなってくる。

＃56（一〇月四日）　顔が青白くなるとともに、目がさらに大きくなり血走ってきた。したいに顔が融けはじめた。融けているというよりも、腐敗し、朽ちていくようだ。私は驚きで身動きがとれない。ドロドロと下へ垂れていく肉を、狐が近づき、食べている。私は悲しみに包まれた。右に抱えている子は、それでもスヤスヤと眠っている。洞窟のなかから成り行きを見ていた女性が、少し出てきた。若く美しい姿をしている。私と同じ年頃だ。彼女が私に話しかける。「その子は、あなたと私の子どもです。その子を育てなさい」。左手に抱えていた子どもはすでにすべてが融け落ち、狐が食べてしまった。私はひとり残ったこの子を育てる決心をする。

Nさんは一〇月五日に現地に渡航。その数日後、日本代表のひとりとして世界選手権のレースに臨んだ。さすがに世界の壁は厚かったようが、バイクとランで自己ベストを更新するなど、みごとな戦いぶりだった。スタートのとき、このレースには一度出たことがある、とはっきり思ったという。例の「半眼」は、はっきりしたものとしてはなかったが、全体が「半眼」だったのかもしれない、とも。

出発前、Nさんには、この大会で区切りをつけようかという思いがあった。しかし、大会に参加して、想像を超えた世界のレベルを知り、もう少し戦ってみるのもよいか、とも感じていた。帰国して一週間後の面接時の印象では、結論が出るにはしばらく時間がかかりそうに思われた。しかし、とにもかくにも、世界選手権出場という当初の目標は達成できたので、アクティヴ・イマジネーションを中心とする分析はひとまず終結とすることに。「世界へ連れていってもらって、ありがとうございました」。Nさんは、最後にそう言って、爽やかに面接室をあとにした。

後日、Nさんは、「先生もJAPANの一員として戦ってくれたと思います」といって、日本代表の公式ユニフォームのうちの一着をプレゼントしてくれた。私はそれをありがたく頂戴した。Nさんの血と汗の結晶であるこのユニフォームは、私にとって、今もだいじな宝物となっている。それは、一つのひたむきな身体系個性化プロセスの記念碑であり、また証人でもある。

今回、本書を執筆するにあたり、当時のイマジネーションのマテリアルを使わせてほしいとお願いするために、久々にNさんに連絡を取ったところ、快諾をもらうことができた。Nさんは、あのあと、かなりの時間をかけて熟考したすえに現役を退いたという。現在は、自身もある程度のトレーニングを続けながら、後進の育成に邁進中。イマジネーションのことは今でも気にかかるときがあり、折り折りに各地の洞窟を訪ねてみたりしている、とのことだった。

第九章　身体系個性化プロセスの諸相

ユング自身の身体系個性化プロセス

身体系個性化の存在を想定すると、従来の個性化の概念（本書で心《こころ》系個性化と呼んでいるもの）だけでは少々わかりづらかったいくつかの現象に光を当てることができる。第五章〜第八章に示した事例を見ればわかるように、身体系個性化と心系個性化にはもちろん共通点があるが、これまでややもすればなされてきたように一方を他方に還元したり収斂させたりするわけにはいかない。

心系個性化は、これまでに多くの知見が蓄積されてきた、典型的なプロセスをたどることが多い。というよりも、そのような知見のほとんどが、心系個性化を前提とした、心系個性化にまつわるものなのである。一方、身体系個性化のプロセスになると、いくぶん不慣れで少なからず不可解なイメージの展開に出会うことを余儀なくされる。両系の個性化プロセスはそこが大きくちがう。

ただし、じつは、まったく初対面というわけではない。私たち、ユング派分析家は、おぼろげながらもその輪郭を見た覚えがある。ユングが、心系個性化と身体系個性化とを区別してはいなかったものの、個性化プロセスの理解に役立つものとして注目していた諸領域の一部に身体系個性化に属する要素が含まれていたからである。錬金術、煉丹術、クンダリニー・ヨーガの象徴学こそが、その貴重きわまりない遺産にほかならない。

ユングはこれらの象徴学を個性化一般の理解に寄与するものとして重視していたわけだが、じつのところ、私にはそういう実感がない。なるほど、そのような象徴学が威力を発揮する種類の個性化プロセスが存在する。しかし、それとは種類を異にする個性化プロセスの理解に対しては絶対に必要というわけではないと思うのだ。その証拠に、ユング派でも、錬金術やクンダリニー・ヨーガの象徴学に実質的に関心を持っていない分析家は少なくない。心系個性化のプロセスを扱っていくだけなら、それでもすむからである。しかし、身体系個性化のプロセスとなると、そうはいかない。

では、ユングはなぜ心系個性化プロセスと身体系個性化プロセスを区別しなかったのだろうか。いや、こう言い換えるほうがよいかもしれない。ユングはなぜこれほど明瞭に存在する後者の特異性に抵抗感を覚えなかったのだろうか、と。答えは明らか。おそらく、ユング自身が身体系個性化優位の人だったためである。ユングによるみずからのアクティヴ・イマジネーションと夢の記録、『赤の書』（Jung, 2009）を見てみれば、それは容易にわかる。

その特異性が際立っているのは、案の定、錬金術象徴などを援用しないと理解し難い、イマジネーションの内容に関してだけではない。彼は、この大判の古文書のようなノートを、二〇年近い歳月をかけて修正し続けた。文章を綴るカリグラフィの繊細さ、鏤《ちりば》められた多数の彩色画の緻密さ、革張りの装丁の華麗さ、そのどれをとっても、膨大な身体的作業がなければ現実のものとはならなかっただろう。自身の内から湧いてくるイメージに対して、これほど職人的に物理的な作業を行なった者がほかにいるだろうか。

身体的作業、物理的作業といえば、ユングの別荘作りも半端なものではなかった。彼はやはり数十年の歳月をかけ、自力でコツコツと別荘を建て、改築を繰り返している（Jung, 1971/1987）。石を切り出して、刻み、積むために、ユングは石工のギルドに入りさえした。この石造りの別荘はボーリンゲンの塔と呼ばれている。そこには電気も水道もなく、原始的な生活を送ることが想定されていた。この究極的とも言えるＤＩＹに注がれたエネルギーを取ってみても、ユングは職人的な身体系個性化の人である。

そのユングが熱心に研究し、身体系個性化のプロセスに関する参照枠として私たちに遺してくれたものが、最前にもふれた錬金術、煉丹術、クンダリニー・ヨーガなどの象徴学なのだが、ここで注目しておくべきことがある。それは、これらの象徴学を支える共通のバックボーンがアクティヴ・イマジネーションだという点。さらには、これらがすべてサトル・ボディを扱う秘教的体系だという点である。

サトル・ボディはグロス・ボディとはまったく異なるわけだが、それでもボディであることはまちがいない。サトル・ボディという不可視の身体の探求を通して個性化のプロセスを歩んでいこうとするこれらの体系が、ことごとくアクティヴ・イマジネーションを方法論的基盤としているという事実は、アクティヴ・イマジネーション自体が身体系個性化に欠かせない手段であり、身体系個性化を促進するツールであることを示唆するものである（心系個性化にもすこぶる有効であることは言を俟たない）。

いうなれば、アクティヴ・イマジネーションはまさに身体運用術、一種のスポーツであり武道・武術の稽古のようなものである。ユングの場合、若き日の危機的状況においてアクティヴ・イマジネーションという技法を独自に編み出したことが、彼自身を身体系個性化へと駆り立てた面もあったのかもしれない。しかし、このような技法を編み出したこと自体にユングの特徴が現れているとも考えられるだろう。

私はかつて、アクティヴ・イマジネーションと錬金術研究がほとんど紹介されてこなかったわが国のユング心理学の状況に関連して、アクティヴ・イマジネーションを使いはじめると錬金術の象徴学を援用しなければ理解できないイメージに出会うようになる、と指摘したことがある（老松、二〇〇四c）。裏を返せば、それくらい身体系個性化ということが考えられたり扱われたりしていなかった、ともいえよう。この機会に、両者に光が当たることを期待したい。

身体系個性化プロセスの特徴（一）――「非人間的」な象徴

　Nさんの事例は、身体系個性化プロセスの特徴をわかりやすく示している。おもなものを拾い上げてみたい。単一の事例における特徴であっても、そこに元型的な色合いが濃厚に見られるなら、身体系個性化プロセス一般に当てはまると考えてもよいと思う。

　最初に言及すべき特徴は、すでに繰り返し述べている、錬金術的なイメージの出現である。Nさんのイマジネーションには、たとえば、水銀のように流れ出す身体や黄金の蒸気となって拡散する身体が登場した。そのように、個々のイメージが錬金術的であることもあったが、このプロセスの全体が錬金術的変容のそれにも合致することは、錬金術書『太陽の光輝』の一連の挿画と照らし合わせて指摘したとおりである。

　ガラスないしはプリズムを思わせるような不思議に近代的な実験室を連想させる環境下にある密室としての洞窟のなかで、イマジナーの身体は、固体から液体へ、液体から気体へ、気体からまた固体へといった、めまぐるしい存在形態の変化を経験している。こうした存在形態の変化のなかで、イマジナーの身体は分解と凝集を繰り返す。そして、ますます精錬と洗練の度合いが高まっていく。それは錬金術の根本思想である「解きて結べ」の実践にほかならない。

　宇宙にまで拡散する無数の粒子としてのイマジナー。そこに見られる物質性は非常に興味深い。これは、精神分析家、ハロルド・サールズ Harold Searls（一九一八年～）(Searles, 1960; Sedgwick, 1993) が「非人間的《ノンヒューマン》」な環境として指摘したものの重要性に通じる。サールズによると、主観的体験としての自我発達は、無生物との関わりから生物との関わりへ、そしてさらに人間との関わりへと進んでいく。つまり、物か生き物かの区別もつかない環境のなかにあった自己が、人間以前の生き物（おもに動植物）としての環境を経験しはじめ、さらには人間である環境と関わりを持つように成長していくのだという。

環境が無生物として経験される段階から生物として経験される段階までの間に広がっているのが、「非人間的《ノンヒューマン》」な領域である。未熟な自我や退行的な自我は、「非人間的《ノンヒューマン》」な環境と融合してしまうため、みずからが「非人間的《ノンヒューマン》」なものになったり、他者を「非人間的《ノンヒューマン》」なものとして扱ったりすることがある。たしかに、統合失調症や発達障害のような身体的基盤の存在が想定されている心の問題においては、そのような傾向が見られる例が少なくない。自分は木であるとか石であるとかと主張したり、実験と称して動物を切り刻んだりするのだ。

しかし、注目すべきことにサールズ（Searles, 1960）は、それをもっぱら防衛と見るのではなく、「成熟追求のため」の試みとしても見ようとする。一般に、退行には病理的なものと創造的なものがあるが、「非人間的《ノンヒューマン》」な領域への退行の場合も例外ではなく、いったん原初の状態に戻っていっさいをリセットしてから、再び進行に転じて、従前以上の成長や成熟を目指そうとする創造的な試みであることもありうる、というわけである。

サールズ（Searles, 1960）は、人間と「非人間的《ノンヒューマン》」な環境との関わりの現実的な例として、いみじくも次のような事実をあげた。つまり、ある物理学者の言を引きつつ、人体を構成している原子の半分が毎月置き換わっていて、それらはすべて他の生き物がすでに一度は使った原子の使い回しにほかならないのだ、と。Nさんのアクティヴ・イマジネーションに見られた、世界に遍く広がる粒子の一個一個への変容が、まさしく身体系個性化をさらに先へと進めるための、「非人間的《ノンヒューマン》」な領域への退行であることがわかる。

ところで、サールズの「非人間的《ノンヒューマン》」なる語には、系統発生的な観点から見た場合に人間以前の存在であるという含意がある。そして、それは、身体系個性化を理解するのに役立つ。しかし、身体系個性化を考えていくとき、私は、この語をもう少し広い意味合いで、つまり「非人間的《インヒューマン》」といった意味合いも併せて導入したいと思うのだ。というのも、「非人間的《インヒューマン》」と表現するなら、錬金術象徴がしばしば与える、あの曰く言いがたい違和感、奇異な印象の本質に関して、少なくとも一部を言い当てているように感じられるからである。

『太陽の光輝』に見られるそのようなイメージをあげるとすれば、たとえば両性具有者やその斬首（バラバラ殺人）など、そしてNさんによるイメージでいうなら、半人半獣、男の妊娠と出産などがある。そういった場面で眉をひそめる人もいるのではないかと思う。これらのイメージは多少ともグロテスクな感じを伴っている。あるいは、バロック的とでも表現するべきだろうか。場合によっては、一種、オカルト的な雰囲気さえ醸し出している。機械のような冷たさをどこかに伴っていることもある。

ともあれ、そのニュアンスに相当な広がりのある違和感であり、どこかしらブラックなところがある。私としては、そのような錬金術象徴の特徴を「非人間的《ひにんげんてき》」と呼べば、少しはまとまるのではないかと思う。その場合、この語は、無生物的、動植物的といったサールズの「非人間的《ノンヒューマン》」にとどまらず、背徳的だったり、異形だったり、自動的だったりする錬金術象徴的な「非人間的《インヒューマン》」をも含意する。

身体系個性化プロセスの特徴（二）――グロス・ボディからサトル・ボディへ

身体系個性化プロセスの第二の特徴は、グロス・ボディとサトル・ボディの鬩《せめ》ぎ合いである。夢やイマジネーションには、さまざまな次元の身体が登場してくる。第一の次元は、グロス・ボディとその運用に関係している。むろん、これは、心系個性化プロセスにも当たり前に出てくるだろう。しかし、身体系個性化プロセスを歩んでいる場合には、そうした当たり前の次元の身体イメージが、別の次元の身体イメージへの扉となり鍵となる。

Nさんのイマジネーションでいえば、はじめに洞窟を奥に進むと半開きの扉があった。そして、その扉の向こうに行くためのグロス・ボディ運用の工夫は、イマジナーがそれまでの身体から離れて新たな身体を獲得することにつながる。その扉は新旧二つの身体を隔てていたのであり、イマジナーが別次元の身体に入っていくためにあったともいえる。

第二の次元は、いまだ粗大《グロス》の域を出ないけれども、単純な身体ではなく、解剖学的なイメージとして現れる身体に関係がある。Nさんのイマジネーションでいえば、扉の閾に出没するが本質的に扉の向こう側に属している存在、すなわち亀と蛇で表される次元である。すでに述べたように、脳のごとき亀と脊髄のごとき蛇は、太古の神経系を象徴するイメージになっている。イマジネーションの後半なら、鳥が崖にいるイマジナーに呑み込ませる魚の臓物のイメージなどもこの次元に属するものといってよかろう。

ついでながら、前節までの論の展開に照らして述べると、この次元のイメージは、サールズがいう「非人間的《ノンヒューマン》」な領域とも密接なつながりがある。すなわち、動植物や無生物として経験される環境に関わっていく段階である。サールズは、ユングに似て、自我が個体発生において、物からはじまって人間に至る系統発生的進化をあたかもなぞっていくかのような経験をすると考えている。そして、胎児がたどる系統発生的な諸形態や解剖学的諸構造を「非人間的《ノンヒューマン》」な環境と関連づけて論じている。

話をもとに戻そう。重要なのは、扉の場面においても、崖の場面においても、通常の姿をとっている身体と象徴に置き換えられた身体との間で強烈な鬩ぎ合いが見られる点である。これは、身体系個性化という立場から見るならば、グロス・ボディがどこまで象徴化に伴う危険や苦難に耐えられるか、ぎりぎりの線で折衝が繰り広げられていることを意味する。

ちなみに、臓物や臓器にまつわるイメージが持っている「非人間的《ノンヒューマン》」にして「非人間的《インヒューマン》」な印象は、ロールシャッハ・テストでいう解剖反応が持っている含意に通じるところもあるだろう。紙幅の関係もあるので、ここで解剖反応について詳述することは控えるが、そうしたビザールともいうべき反応は自我の相当な危うさを示唆していることが多い。そもそも「非人間的《ノンヒューマン》」な領域は、病理的に現れれば、重篤な精神病的退行の場となりうる。しかし、身体系個性化の場合、そうとはかぎらない。

身体系個性化は、身体をめぐって展開するという点で、脳神経系の病としての精神病や発達障害と重なるところがあるのは否めない。だからこその「非人間的《ノンヒューマン》」であり、「非人間的《インヒューマン》」であるともいえる。けれども、身体系個性化プロセスにおいては、それがふつうなのである。心系個性化プロセスで「非人間的《ノンヒューマン》」な段階まで退行したのとは、一般的にいって、多少とも意味合いがちがう。とはいえ、むろん、油断は禁物である。新旧の身体の鬩ぎ合いがそれくらいただならぬものにもなりうることは心得ておかなければならない。

さて、その鬩ぎ合いの彼岸に出現してくるのが、サトル・ボディに関わる第三の次元である。そこには、もはやグロス・ボディの形態は残っていない。にもかかわらず、古くから伝承されてきた、サトル・ボディの見えざる普遍的構造が存在していることが感じられる。そこにあるのは、たとえばクンダリニー・ヨーガのチャクラの象徴学や煉丹術の気脈の象徴学を参照することによって捉えられるような身体である。

Nさんのイマジネーションでいえば、渦を巻く蛇による地上への上昇、さらに風による空中への上昇は、クンダリニー・ヨーガの象徴学の再現と考えることができた。そして、気としての赤子の妊娠は、煉丹術の象徴学を援用すれば理解することができた。前者においては、イマジナーの身体が、蒸気、人体（狐をベースにした）、粒子へと変容しており、後者においては次世代のよりサトルな存在が誕生している。

身体がグロスなものからサトルなものへ、さらにもっとずっとサトルなものへと変容していくプロセスこそ、身体系個性化にほかならない。それゆえ、ユングがあれほど注目していたにもかかわらず現代のわが国ではほとんど忘れられているに等しい、錬金術、煉丹術、クンダリニー・ヨーガの象徴学の重要性が、今あらためて浮かび上がってくるのである。

身体系個性化プロセスの特徴（三）――「今現在」、「今ここ」

ここまでに特徴として取り上げてきたのは、身体系個性化プロセスに見られるイメージのそれだった。その展開の驚くべき速さやまっすぐさなど、ほかにもいくつか特徴はあるのだが、イメージそのものについてはこれくらいにとどめて、ここからは、そのようなイメージの展開に伴って生起した周辺の事態や外的なできごと、さらにはイマジナーのあり方とその変容にまつわる特徴を抽出していこう。

何よりもまず指摘したいのは、身体系個性化プロセスの進展に伴って「今現在」への集中力が加速度的に高まっていくことである。Nさんは、以前からときどき、レース中に「半眼」の状態、あるいは「スイッチが入った」状態を経験していた。ゾーン体験である。これが集中力の極度の高まりのはてに起きることは、すでに説明した。重要なのは、集中は集中でも、これが「今現在」に対するリビドーの集中になっていることである。

Nさんは、アクティヴ・イマジネーションをはじめてから、時間感覚の変容を伴うゾーンの状態のみならず、ゾーンと近縁であるヴィジョンを経験することがたびたびあった。いってみれば、「今現在」への桁外れの集中ゆえに、その一点に、行き場を失った未来と過去がいっせいに流れ込んでくるようなあり方。刹那のなかに永遠が経験されるような、特徴的なあり方である。未来に起きる不幸や災難の予感に怯えることもなければ、過去を思い煩うこともない。無邪気な子どものように、ただ目の前のことだけに集中している。

それが極限に達すると、永遠ないしは無時間が流れ込んできて、法悦《エクスタシー》のなかで啓示やヴィジョンを経験することにもなる。いわゆるフロー体験であるが、おそらく、過去にさまざまな宗派を開いた宗教界の巨人たちのほとんどが「今現在」を生きている人物だったことはまちがいない。前著『人格系と発達系』（老松、二〇一四）で論じた、大本の開祖、出口王仁三郎はその典型的な例である。深い宗教性の発露は、心の修行のみに由来するものではない。身体系個性化のプロセスを伴うのがふつうである。宗教家がしばしば身体を使った過酷な荒行をするのもゆえなしとしない。

Nさんの祈りが深いことは、イマジネーションからはもちろんのこと、たとえば般若心経を何年間も唱え続けるような、ストイックな倫理の遵守からも容易に見て取れる。身体系個性化プロセスにおいてしばしば見られるこうした祈りの深さは、「今現在」への集中に由来する宗教性に裏打ちされている。Nさんの場合には、もともと求道者的な傾向があったからこそトライアスロンという苦行的なスポーツを選んだと考えられるが、身体系個性化プロセスが進むと競技生活はいっそう霊的な様相を帯びてくる。

その点で、集中しているNさんは、外界から受けた刺激に対して即座にわれしらず反応を表す傾向を見せていて、非常に興味深い。たとえば、スタート直前に高まっていた周囲の興奮と緊張に反応して、Nさんは亀の声を聞き、その強いインパクトに「支配」されるがままに無我夢中でレースを戦っていた。もはやアクティヴ／パッシヴという区別さえ超越した状態である。身体系個性化プロセスはこのような現象を促進するらしい。

そしてまた、「今現在」への集中によって永遠が流れ込んでくるときには、空間も絶対性を失う。太古の昔から遥かな未来まで、そして世界中、いや宇宙空間全体が、一気に「今ここ」に畳み込まれるようである。すると、いっさいが時間も空間も超えて折り重なり、なにがしか互いへの符合を担うようになっていく。つまり、偶然の一致がしきりに起こり、森羅万象が、あらゆる事象が何らかの意味によってつながっていることが感じられる。

何かつながりがあると感じられる諸事象の偶然の一致、偶然とは思えない偶然の一致が起きるさまを、ユング(Jung. 1952)は共時性と呼ぶ。共時性（共時律）は、因果性（因果律）と並び立つ、もう一つの連関の原理である。Nさんの腰の故障は結果的に新たな身体の運用法の発見につながり、文字どおり、怪我の功名となったのだが、ほかならぬこの時期における故障は、Nさんには、単なる偶然以上の意味をもって経験された。それ以外にも、共時的現象はしばしば経験されていて、どうやら身体系個性化とは切っても切り離せない関係にあるようである。

ユング（Jung, 1952）によると、共時的な現象が頻発する状況においては、背後に類心的な要因が存在している。心がみずからの閾を超えて物や身体に浸透したり、物や身体が心の領域に越境してきたりしているのである。この類心的な要因とは、何らかの元型の活性化であることが多い。元型はそもそも類心的なものだとユング（Jung, 1954c）はいう。Nさんが「足のなかから走れる感じというようなものがはじめて出てきた」ことを経験したときには、元型の活性化が起きはじめていたにちがいない。だからこそ、走ることそのもの、走ることの元型的本質を体感したのである。身体系個性化プロセスは、やはり心を超えて、類心的な領域にまで及んでいる。

身体系個性化は以上のような諸特徴を備えている。それらは単一事例のわずか半年間のプロセスから導き出されたものではあるが、おそらく身体系個性化の特徴の中核的部分はおおむねカバーしているのではないかと思う。というのも、「今現在」、「今ここ」は、身体そのものに備わっている属性にほかならないからである。未来の予感に怯え、重い過去に打ちひしがれるのは、主として心の仕事だろう。なるほど、身体に刻み込まれている記憶や身体を通して発現する予兆もあるにはあるが、身体はむしろ、心を「今現在」に定位させる規準点、もしくは「今ここ」に縛りつける牢獄である。身体と心は「今現在」、「今ここ」で出会っている。

発達系のあり方との重なり

ここで、一つ、気になることがある。じつは、世の中には、生まれつき心が「今現在」だけを向いている人たちが存在するのだ。私はそういう人たちを発達系と呼んでいる（老松，二〇一四）。身体系個性化プロセスと発達系のあり方との関連には注目すべき点があるように思う。以下、前著の繰り返しになるが、発達系のあり方の特徴を説明し、そのうえで身体系個性化プロセスとのつながりを考えてみたい。

発達系は、人格系という概念と対になっている。人は誰でも、発達系的な要素と人格系的な要素の両方を持っており、そのハイブリッドである。前者の要素が相対的に多ければ発達系、後者が多ければ人格系となる。割合が極端な場合には、それぞれ、発達障害、人格障害と呼ばれる。しかし、発達系にしても、人格系にしても、その特徴が量的、質的に一定の幅のなかに入っていれば、異常性はまったくない。発達系を象徴する元型的イメージは素盞嗚《すさのを》、人格系を象徴するのは天照《あまてらす》である。

誤解を承知で簡潔に述べるなら、人格系はごく一般的な人である。生のテーマは、自己愛をどう生きるか、にある。自己愛とは、自分をたいせつに思えること、自分をたいせつにできることで、自己愛が健康に育っていれば、適度な自信を持って創造的に生きていけるが、重要な人からの見捨てられを頻回に経験すると自己愛は病む。そうなると、つねに他人の顔色を窺って、過剰適応しながら息を潜めて暮らしていくことになりがちである(Asper, 1987; 老松、一九九九)。たいていの人は、多かれ少なかれ、そのように日々を送っていないだろうか。

一方、発達系の特徴は、てんかん者のあり方に関する知見を援用して記述できる、と私は考えている(根拠については前著を参照されたい)。その観点から見てみると、最大の特徴は、「今現在」を生きるイントラ・フェストゥムというあり方になる。木村敏(木村、一九八〇)のいうフェストゥムとは祝祭のことで、その人にとって重要な生の焦点を意味する。イントラ・フェストゥムは「祭のさなか」である。イントラ・フェストゥムの人は、未来や過去に煩わされることなく、天真爛漫でまっすぐな子どものように目の前のことだけを見ている。発達系は子どもの塊のようなものといえるだろう。

木村(木村、一九八〇)は、「今現在」を生きるイントラ・フェストゥム特有の宗教性について、自然との無限の合一感というもう一つの特徴と併せて、こう説明している。「自己は自然のすみずみにまで拡散して、いかなる姿においてもその形をとどめていない。しかし(中略)自己はここでけっして単に雲散霧消してしまっているわけではない。『無数の神の世界から投げられた糸が一斉に彼の魂に集』まり、彼は『一切に対してすべての人を赦し』、『すべての人のため』に『自分のほうから』赦しを乞いたい気持なのである」。

河合逸雄（河合、一九七二、一九八七）も同様に、「森羅万象との融合」なる見方を提唱しており、それが「受身の外向性」、「環境との無媒介のかかわり」、「原初的エロス」という三側面からなるとする。「受身の外向性」とは、心の内外の障壁が薄く、たやすく周囲からの影響を受けるとともに、場の状況にそぐわなくとも内心を隠そうとしない傾向。「環境との無媒介のかかわり」とは、環境が持っている瑞々しい生命の躍動と直接的に交感する傾向。「原初的エロス」とは、太古的な色合いを帯びた内的異性像が息づいていることを指す。ここには、自然や環境の鮮烈な生命感と融け合って心を奪われている、アニミズムにも似た宗教性が見て取れる。それは「今ここ」における法悦《エクスタシー》の状態にも通じるものだろう。

ほかにも、ハンガリーの深層心理学者、リポット・ソンディ Lipot Szondi（Szondi, 1952; 大塚、一九七四）が指摘した「怒りと宗教性」、安永浩（安永、一九八〇）の提唱した「中心気質」（誰もの性格の中心に存在する子ども性）という概念など、発達系のあり方を理解するのに非常に役立つ知見は、いくつかある。しかし、ここでの問題、つまり身体系個性化の諸特徴と発達系のあり方とのつながりを考えるには、これくらいで足りるだろう。

なんとなれば、先ほど引用した木村によるイントラ・フェストゥムの説明は、私たちのイマジナーが「今現在」に集中するなかで永遠を経験し、無数の粒子となって宇宙に拡散しながら自然と合一したプロセスとみごとに一致しているではないか。そしてまた、スタート直前のヴィジョン様体験と即座の没入的反応などは、世界や自然との直接的な交感にほかならず、次々と生起する衝動をそのまま外に開いていることから、河合（河合、一九七二、一九八七）のいう「森羅万象との融合」に符合するといってよい。

以上のように、身体系個性化は発達系のあり方の特徴ときわめて近い関係にあり、重なる部分が相当に大きい。まことに興味深いことである。ならば、この両者の近縁性に、いかなる臨床的意義が見出せるだろうか。次の「終章」では、この問題を、心系個性化プロセスに対する身体系個性化のそれの独自性という点と絡めて試論的に検討し、本書の締め括りとしたい。

終章

身体系個性化プロセスの進展

本書では、ひとりのアスリートのアクティヴ・イマジネーションの展開を追いながら、身体系個性化プロセスという概念を措定し、その特徴を論じてきた。なかでも、いちばん重要と思われるのは、時間軸および空間軸の消失とでも呼びうる事態である。この時間軸と空間軸の消失点には「今ここ」があって、驚くべきことに、そこに永遠と無辺が畳み込まれていく。

世界中のあらゆる事物、あらゆる事象は、このともどもに畳み込まれた一点で出会い、接触し、相互に浸透し合う。すると、すでに述べたように、それら無数の事物と事象が、それまでは隠していた意味上のつながりを一気に露わにし、圧倒的な勢いで迫ってくるのである。いっさいが密かに意味を共有し、結託し、自分を包囲していたことに不意に気づかされる……。想像するだに怖ろしいことである。

自と他は融合し、世界には啓示が溢れかえる。しかも、それらの啓示は、しかるべき距離をとって経験できるわけではない。直接に、暴力的に侵入してくる。たいていの人は、このようなのっぴきならぬ事態に耐えられない。安穏な心体まる居場所を突然すっかり奪い去られ、意味の洪水のなかで溺れてしまう。一種のパニック状態である。

宗教学者、ルドルフ・オットー Rudolf Otto（Otto, 1917）は、宗教的経験の核心部分をヌミノーゼと呼んだ。簡単にいえば、超越的な存在の現前に居合わせた者が経験する極限的な畏怖のことである。ヌミノーゼ Numinöse の語源であるヌーメン numen は、たとえば人が敬虔な祈りを捧げているときに神の像が頷くなどの仕草により神意を見せることを意味する。そこには絶対性があり、懐疑を差し挟む余地などない。それは人間を戦慄させるとともに魅惑もし、根底から揺さぶる。矮小な自我は、超越的な存在の途方もない巨大さに震撼させられて、真の宗教性に目覚め、本質的な変容を経験することになるだろう。身体系個性化はこのような経験の近傍にある。

もちろん、これは極端な場合であって、身体系個性化プロセスを歩んでいる者みなに起きるというわけではない。とはいえ、そのプロセスのなかで前ぶれもなく経験されうる事態であることは心得ておく必要がある。マイルドなかたちでならば、日常における直観力や勘のよさ、もしくは強運として現れてくることもあるだろう。

ところで、長野オリンピックのスピードスケート金メダリスト、清水宏保は、「辛いトレーニングは脳も変化させるので、能力の限界を押しあげる」と述べている（吉井、二〇〇二）。これは、子どもの頃から同じスポーツ、たとえば水泳や柔道を続けていると、成人する頃にはしばしば体型そのものが種目特有のそれになっているという事実を思い起こさせる。「脳も変化させる」ことは、医学的な真偽はともかく、心的な現実としてはおおいにありうるだろう。徹底的な身体修養とは、意図的に極度の発達系を作り出すようなものなのだ。

極度の発達系には、さまざまな脳機能の領域における発達の偏りやばらつき（凹凸）があると考えられる。「発達の偏りやばらつき」といっても、ある領域が正常で、他の領域は劣っているとはかぎらない。ある領域は正常で、他の領域が突出してすぐれているというパターンもある。標準より劣る領域とすぐれている領域が混在している場合もありうるだろう。

世の中には、頭脳の面あるいは運動能力の面で天才的な人たちがいる。そのような天才が発達障害を抱えていることは稀ではない。彼らは一般にサヴァンと呼ばれていて、多くは先天的な発達の偏りやばらつきを有している。しかし、後天的にも天才的な発達の偏りを生み出しうる。激しいトレーニングを積むことは、有用で肯定的な偏りを人工的に作り出す方法の一つとなる。ただし、偏りがある／ないといっても、実際には相対的なことである。多数派である人格系のデータにもとづいて標準値が算出されているのだから。

もともと発達系に属する人が、自身のすぐれている部分を伸ばそうとして取り組むときには、身体系個性化プロセスは進展しやすいだろう。一方、心系個性化プロセスを中心に人生を生きてきた人格系の人が、中高年になってから思い立って健康の維持や増進を目的にはじめる軽めの運動などは、補償的な身体系個性化プロセスを進展させる可能性がある。これもまた、おおいに価値があるはずである。

二匹の蛇の道

同じ個性化のプロセスでも、身体系個性化プロセスと心系個性化プロセスは、重なる部分もあるが、そうではないところもある。この二つの道は、くっついては離れ、離れてはくっつく。蛇行する二本のルートが一部で重なっているようなものである。ＷＨＯ（世界保健機関）の紋章には医神アスクレピオスの杖があるが、そこに巻きついている蛇は二匹である。あれに似ている。二筋の蛇の道である。

繰り返しになるが、何がいちばんちがうかというと、身体系個性化プロセスが「今現在」優位となっていることである。時間構造が消失するため、身体系個性化プロセスは、「プロセス」とはいうものの、一本の連続線ではない。連続線に見えて、そのじつ、不連続な無数の点のつながりになっている。それゆえ、身体系個性化プロセスにおける変容は、徐々に起きるのではなく、暫時の停滞のあとでときどき思い出したように起きることが多い。

にできるようになるのに似ている。

これに対して、心系個性化プロセスは、おおむね時間軸の上で展開していく。つまり、連続的な変容が基本となっている。そのため、いいところまで進んできていても、最後の決定打がなかなか出ないことがある。長い歩みのすえにようやく目的地の手前まで来たというのに、大地に深い裂け目があり、ジャンプ力不足のため跳び越せない、というようなものである。摺り足で進むので、着実で安全性が高いが、意外性は乏しい。

身体系個性化プロセスは不連続性を生きていく。飛躍、跳躍が中心となり、内的にも外的にも否応なく頻回の断絶が発生するため、不適応的な面や危険な面があるのはまちがいない。しかし、そこにはたいへんな強みもあるのだ。その飛躍、跳躍が、画期的な発見や発明、天才的な身体運用法の獲得、革命的な発想、図抜けた実行力、桁外れの霊性の発現などを可能ならしめるからである。しかも、ひとたびそれが起きれば、ことは速い。

身体系個性化と心系個性化という二つのルート。両者は蛇行しながら、「今現在」を交点として繰り返し合流しては遠ざかる。身体系個性化には心系個性化に収斂させえない独自性があり、その逆もまた真である。従来の個性化の概念は、実際のところ、多数派である人格系において一般的な心系個性化を偏重してきた。そのような個性化の概念は、発達系に注目が集まりはじめた今日、そろそろ見直さなければならない。

二つの個性化のルートがあるという見方に立てば、たとえば、従来なら心の問題の身体化だと思われていた症状や種々の心身症の症状の出現なども、身体系のルートないしは身体系個性化のプロセスの切実な必要性を示すサインであることがわかってくるだろう。また、心理療法の専門家にとって、セラピーのなかで生じる行動化は厄介で危険な現象だが、そこには身体系の要素を取り入れる好機がある。さらに、身体を使うなかで進展するプレイセラピー（遊戯療法）に対する取り組みにも新たな視点が生まれるだろう。

身体系個性化のプロセスと心系個性化のプロセス。ひとりの個人のなかで両方がバランスよく進展していくなら、それが何よりである。しかし、たいてい、一方が優勢になっている。身体系個性化優位は発達系に、心系個性化優位は人格系に多い。発達系はみずからの偏りをカウンターバランスするために人格系の要素を必要とし、反対に人格系は発達系の要素を必要とする。偏ったままにしておくと、発達系と人格系はわかり合えないし、両方の要素からなる個人の全体性も実現されえない。

一方には他方が必要

実際に心理療法や分析をしていると、そのあたりのことがよくわかる。心理療法は、その名のとおり、心系個性化プロセスを想定している。人格系のクライエントはその方向で流れに入っていきやすいが、それでも、遅かれ早かれ暗礁に乗り上げることになる。誰だってそうなのだ。そういう暗礁が隠れているからこそ、そもそもの症状や問題が発生してきたのだから。興味深いのは、この暗礁を乗り越えるのに、何らかの身体的な営みを取り入れるのが効果的なことである。

人格系は発達系的な要素が苦手で、そういったイメージやできごとに出会うと不快になったり、回避したりしやすい。一方、発達系はその反対で、人格系的な要素に遭遇すると戸惑ってしまう。人格系のクライエントが暗礁に乗り上げた場合、内的な力のある人なら、おのずと身体に関係することをしたくなってくる。そして、実際に何かをはじめて、しばらく続けているうちに、気がつくと暗礁から離脱できているのだ。

この暗礁は、前出の譬えで述べた、大地の裂け目と同じである。人格系はそこまではたどり着ける。しかし、そこで立ち止まってしまうことが多い。不連続なところを跳び越えることに慣れていないのである。そういうときに、それまで無視していた身体系個性化のルートに目を向ければ、再び進むことが可能になる。心系個性化と身体系個性化は車の両輪のようなものである。

一方、身体系個性化プロセスをたどっている人の場合も、その偏りが極限に達したときには、カウンターバランスしなければならなくなる。心系個性化プロセスが必要になってくるのだ。暗礁は、さまざまな意味での「非人間的」な不適応として姿を現すかもしれない。たとえば、周囲の人を道具のように扱ってしまう、細かやな気配りを欠く、お山の大将になっていることに気づかない、等々。しかし、そういう破綻こそが、結果的に補償を生じさせ、さらなる人格の陶冶へとつながっていく。

身体系個性化プロセスと心系個性化プロセスのどちらに偏っているにせよ、夢やイマジネーションにはいつでもその徴候を見出すことができるだろう。それを見逃さないようにするのが望ましい。とくに、アクティヴ・イマジネーションは心系個性化プロセスに対してのみならず、身体系個性化プロセスにも寄与しうる。Nさんの事例で見てきたとおりである。

それはなぜか。思い出してほしいのだが、アクティヴ・イマジネーションにおいては、意識（自我）が無意識由来のイメージと直接に対峙し、折衝する。そして、その結果が、イメージの世界でたちどころに反映され、意識化されることになる。そのとき、意識は、過去のデータを参照したり将来の予測をしたりしなければならないと同時に、目の前の相手とのリアルタイムのやりとりだからこその真剣勝負を迫られている。「今現在」、「今ここ」への顕著な集中が要求されるのである。それゆえ、アクティヴ・イマジネーションは、身体的な営みに通じる側面をも有しているといってよい。

個性化のプロセスに身体系と心系の二系統があるのを知っていること。それが何よりもたいせつである。知っていれば、両者を見分けることができる。なかんずく、イメージを用いて関わっているのなら、象徴体系がいくぶん異なっているので、両者を区別できることは比較的多いだろう。その区別をしたうえで、本流となっているほうを促進する工夫をしたり、傍流のほうが持っている補償的な力を利用したりできるはずである。

発達系の人に身体系個性化プロセスが優勢であること、基本的にそのほうがスムーズに進展することは、まずまちがいない。そのほか、表向き人格系に見えるのに通常の心系個性化プロセスがどうもうまく展開しないという場合、じつは「隠れ発達系」であることが少なくなく、身体系個性化プロセスのほうに足場を移してみると突破口が開けることがある。そのことから逆に、その人が「隠れ発達系」であることもはっきりする。

また、私の乏しい経験からいうと、同様の現象がトラウマを抱えている人の場合にも起こりうる。それこそ「隠れトラウマ」とでも呼びうる成育歴を負っているときにはとくに。そういう人に心系個性化を想定しながら会っているとプロセスは停滞しがちだが、身体系のそれを念頭に置くようにすると、少しずつ流れはじめる。フラッシュバックと呼ばれる症状があることからもわかるように、トラウマを負っていると、過去の体験がいつまでも過去にならずに「今現在」であり続けている。そこに、身体系個性化プロセスが重要となる理由があるものと思われる。

文献

Asper, K., 1987, *Verlassenheit und Selbstentfremdung*, 4.Auflage, Walter-Verlag.（老松克博訳、二〇〇一、『自己愛障害の臨床——見捨てられと自己疎外』、創元社.）

Csikszentmihalyi, M., 1990, *Flow: The psychology of optimal experience*, Harper and Row.（今村浩明訳、一九九六、『フロー体験——喜びの現象学』、世界思想社.）

Csikszentmihalyi, M., 1997, *Finding flow: The psychology of engagement with everyday life*, Basic Books.（大森弘訳、二〇一〇、『フロー体験入門——楽しみと創造の心理学』、世界思想社.）

Evans-Wentz, W. Y., ed., 1927, Lama Kazi Dawa-Samdup, tr., *The Tibetan book of the dead*, Oxford University Press.（おおえまさのり訳、一九九四、『新訂 チベットの死者の書』、講談社＋α文庫.）

Fincher, S. F., 1991, *Creating mandalas: For insight, healing and self-expression*, Shambhala.（正木晃訳、二〇〇五、『マンダラ塗り絵』、春秋社.）

Franz, M.-L. von, 1979, *Alchemial active imagination*, Spring Publications.（垂谷茂弘訳、二〇〇〇、『ユング思想と錬金術——錬金術における能動的〈想像〉』、人文書院.）

Franz, M.-L.von, 1981, Introduction, Hannah, B., *Encounters with the soul: Active imagination as developed by C. G. Jung*, pp.1-2, Sigo Press.（老松克博・角野善宏訳、二〇〇〇、『アクティヴ・イマジネーションの世界——たましいとの出逢い』、創元社.）

Hannah, B., 1981, *Encounters with the soul: Active imagination as developed by C. G. Jung*, Sigo Press.（老松克博・角野善宏訳、二〇〇〇、『アクティヴ・イマジネーションの世界——たましいとの出逢い』、創元社.）

Henderson, J. L., & Sherwood, D. N., 2003, *Transformation of the psyche: The symbolic alchemy of the Splendor Solis*, Brunner-

Routledge.

Jaffé, A., hrsg., 1977, *C. G. Jung: Bild und Wort*, Walter-Verlag.（氏原寛訳、一九九五、『ユングそのイメージとことば』、誠信書房.）

Johnson, R., 1986, *Inner work: Using dreams and active imagination for personal growth*, Harper & Row.

Jung, C. G., 1906, *Psychoanalyse und Assoziationsexperiment, Die Gesammelte Werke von C. G. Jung(GW)*, Bd. 2, Waler Verlag, 1979.（高尾浩幸訳、一九九三、精神分析と連想検査、『診断学的連想研究』、人文書院.）

Jung, C. G., 1916a, *Die transzendente Funktion*, *GW*8, Walter-Verlag, 1967.（松代洋一訳、一九八五、超越機能、『創造する無意識』、七五―一三六、朝日出版社.）

Jung, C. G., 1916b, Septem Sermones ad Mortuous, Jaffé, A., hrsg., 1971/1987, *Erinnerungen, Träume, Gedanken*, Walter-Verlag.（河合隼雄・藤縄昭・出井淑子訳、一九七二／一九七三「死者への七つの語らい」、『ユング自伝1／2』、みすず書房.）

Jung, C. G., 1916c, *Über die Psychologie des Unbewußten*, *GW*7, Walter-Verlag, 1964.（高橋義孝訳、一九七七、『無意識の心理』、人文書院.）

Jung, C. G., 1929, *Kommentar zu Das Geheimniss der Goldenen Blüte*, *GW*13, Walter-Verlag, 1978.（湯浅泰雄・定方昭夫訳、一九八〇、ヨーロッパの読者への注解、『黄金の華の秘密』、人文書院.）

Jung, C. G., 1942, *Paracelsica: Zwei Vorlesungen über den Arzt und Philosophen Theophrastus*, *GW*13/15, Walter-Verlag, 1978/1971.（榎木真吉訳、一九九二、『パラケルスス論』、みすず書房.）

Jung, C. G., 1944, *Psychologie und Alchemie*, *GW*12, Walter-Verlag, 1972.（池田紘一・鎌田道生訳、一九七六、『心理学と錬金術I／II』、人文書院.）

Jung, C.G., 1946, *Die Psychologie der Übertragung*, *GW*16, Walter-Verlag, 1958.（林道義・磯上恵子訳、一九九四、『転移の心理学』、みすず書房.）

Jung, C. G., 1948, *Der Geist Mercurius*, *GW*13, Walter-Verlag, 1978.（老松克博訳、近刊、『霊メルクリウス（仮）』、創元社.）

Jung, C. G., 1950, *Zur Empirie des Individuationsprozesses*, *GW*9-I, Walter-Verlag, 1976.（林道義訳、一九九一、個性化過程の経験

について、『個性化とマンダラ』、みすず書房.）

Jung, C. G., 1952, *Synchronizität als ein Prinzip akausaler Zusammenhänge*, GW8, Walter-Verlag 1967.（ユング・パウリ著、河合隼雄・村上陽一郎訳、一九七六、『自然現象と心の構造——非因果的連関の原理』、海鳴社.）

Jung, C. G., 1954a, *Der Philosophische Baum*, GW13, Walter-Verlag, 1978.（老松克博監訳、工藤昌孝訳、2009,『哲学の木』、創元社.）

Jung, C. G., 1954b, *Die Visionen des Zosimos*, GW13, Walter-Verlag, 1978.（老松克博訳、近刊、『ゾシモスのヴィジョン（仮）』、創元社.）

Jung, C. G., 1954c, *Theoretische Überlegungen zum Wesen des Psychischen*, GW8, Walter Verlag, 1967.

Jung, C. G., 1955/1956, *Mysterium coniunctionis*, GW14, Walter Verlag, 1968.（池田紘一訳、一九九五／二〇〇〇、『結合の神秘Ⅰ／Ⅱ』、人文書院.）

Jung, C. G., Franz, M.-L. von, Henderson, J. L., Jacobi, J., Jaffé, A., 1964, *Man and his symbols*, Aldus Books.（河合隼雄監訳、一九七五、『人間と象徴——無意識の世界　上／下』、河出書房新社.）

Jung, C. G., 1971/1987, Jaffé, A., hrsg, *Erinnerungen, Träume, Gedanken*, Walter-Verlag.（河合隼雄・藤縄昭・出井淑子訳、一九七二／一九七三『ユング自伝1／2』、みすず書房.）

Jung, C. G., 1996, Shamdasani, S., ed. *The psychology of Kundalini yoga: Notes of the seminar given in 1932 by C. G. Jung*, Routledge, 1996.（老松克博訳、二〇〇四、『クンダリニー・ヨーガの心理学』、創元社.）

Jung, C. G., 1997, Douglas, C., ed. *Visions: Notes of the seminar given in 1930-1934 by C. G. Jung*, Princeton University Press.（氏原寛・老松克博監訳、二〇〇九、角野善宏・川戸圓・宮野素子・山下雅也訳、『ヴィジョン・セミナー』、創元社.）

Jung, C. G., 2010, Shamdasani, S., hrsg. u. eingel., *Das rote Buch: Liber Novus*, Patmos.（河合俊雄監訳、田中康裕・高月玲子・猪俣剛訳、二〇一〇、『赤の書』、創元社.）

河合隼雄・湯浅泰雄・吉田敦彦、一九八三、『日本神話の思想——スサノヲ論』、ミネルヴァ書房.

河合逸雄、一九七二、てんかん患者の神経症状態——覚醒てんかんの精神病理学的研究、『精神神経学雑誌』七四、三八—七六.

河合逸雄、一九八七、『意識障害の人間学——てんかんの精神病理』、岩波書店.

木村敏、一九八〇、てんかんの存在構造、木村敏編、一九八〇、『てんかんの人間学』、五九—一〇〇、東京大学出版会.

Krishna, G., 1967, *Kundalini*, Kundalini Reserch and Publication Trust.（中島巖訳、一九八〇、『クンダリニー』、平河出版社.）

久保隆司、二〇一一、『ソマティック心理学』、春秋社.

黒木賢一、一九九九、魂の危機——マンダラ画法からのメッセージ、日本心理臨床学会第一八回大会発表論文集.

黒木賢一、二〇〇六、『〈気〉の心理臨床』、星和書店.

Leadbeater, C.W., 1927, *The chakras*, The Theosophical Publishing House.（本山博・湯浅泰雄訳、一九七八、『チャクラ』、平河出版社.）

松井健二、二〇一一、『古流へのいざないとしての杖道打太刀入門』、体育とスポーツ出版社.

Meier, C. A., 1986, *Soul and body: Essays on the theories of C. G. Jung*, The Lapis Press.（秋山さと子訳、一九八九、『ソウル・アンド・ボディ』、法藏館.）

森谷寛之、一九八六、イメージの多様性とその統合——マンダラ画法について——、『心理臨床学研究』、三巻二号、七一—八二.

日本スポーツ心理学会編、二〇〇五、『スポーツ メンタルトレーニング教本 改訂増補版』、大修館書店.

老松克博、一九九九、『スサノオ神話でよむ日本人——臨床神話学のこころみ』、講談社選書メチエ.

老松克博、二〇〇〇、『アクティヴ・イマジネーション——ユング派最強の技法の誕生と展開』、誠信書房.

老松克博、二〇〇一、『サトル・ボディのユング心理学』、トランスビュー.

老松克博、二〇〇四a、『無意識と出会う』（アクティヴ・イマジネーションの理論と実践①）、トランスビュー.

老松克博、二〇〇四b、『成長する心』（アクティヴ・イマジネーションの理論と実践②）、トランスビュー.

老松克博、二〇〇四c、『元型的イメージとの対話』（アクティヴ・イマジネーションの理論と実践③）、トランスビュー.

老松克博、二〇一一、『ユング的悩み解消術——実践！モバイル・イマジネーション』、平凡社.

老松克博、二〇一四、『人格系と発達系——〈対話〉の深層心理学』、講談社選書メチエ.

大塚義孝、一九七四、『衝動病理学』、誠信書房.

Otto, R., 1917, *Das Heilige: Über das Irrationale in der Idee des Göttlichen und sein Verhaltnis zum Rationalen*, Trewendt & Granier.（久松英二訳、二〇一〇、『聖なるもの』、岩波文庫.）

Rudolph, K., 1977, *Die Gnosis: Wesen und Geschichte einer spätantiken Religion*, Koehler & Amelang.（大貫隆・入江良平・筒井賢治訳、二〇〇一、『グノーシス——古代末期の一宗教の本質と歴史』岩波書店．）

Searles, H. F., 1960, *The nonhuman environment: In normal development and in schizophrenia*, International Universities Press.（殿村忠彦・笠原嘉訳、一九八八、『ノンヒューマン環境論——分裂病者の場合』、みすず書房．）

Sedgwick, D., 1993, *Jung and Searles: A comparative study*, Routledge.（織田尚生・老松克博監訳、阿部里美・東洋英和女学院大学大学院ユング研究会訳、二〇〇九、『ユングとサールズ』、金剛出版．）

Spiegelman, J. M.、一九九四、河合隼雄・町沢静夫・森文彦訳、『能動的想像法——内なる魂との対話』、創元社．

鈴木壮、二〇一四、『スポーツと心理臨床——アスリートのこころとからだ』、創元社．

Szondi, L., 1952, *Triebpathologie* 1 A, Verlag Hans Huber.

安永浩、一九八〇、「中心気質」という概念について、木村敏編、一九八〇、『てんかんの人間学』、二一一—五七、東京大学出版会．

Woodroffe, J. (pseudonym, Avalon, A.), 1919, *The serpent power*, Ganesh & Co.

吉井妙子、二〇〇二、『神の肉体　清水宏保』、新潮社．

吉野裕子、一九八〇a、『狐』、法政大学出版局．

吉野裕子、一九八〇b、『蛇』、法政大学出版局．

あとがき

本書では、身体系個性化という概念を新たに提示して、これまでは漠然と語られてきた、個性化（人間の生涯にわたる成長と発達）のプロセスにおける身体的なものの重要性や役割を明確化することを試みた。そしてまた、スポーツや武道に代表される種々の「身体運用術」に対して、ユングの深層心理学が、従来のいわゆるスポーツ心理学とは異なる角度から寄与しうることを示したつもりである。

そのような点について曲がりなりにも論じることができたのは、アクティヴ・イマジネーションや夢のマテリアルを提供していただいたNさんのご厚意に負うところが大きい。そうでなかったら、本書は端から充分な説得力を持たないものになっていただろう。この場を借りて、Nさんへの深甚なる感謝の意を表したい。

プライバシーの問題などもあるので、Nさんには初稿ゲラの段階で記述内容の確認を求めたのだが、「先生（著者）の言いたいことを充分に言ってもらって、できるだけたくさんの人に役立つものにしてほしいので、どう書いてあってもかまいません。全面的にお任せします」との返事だった。Nさんの真摯な姿勢には、いつものことながら、ほんとうに頭が下がる。同時に、Nさんへの敬意を新たにした。一方で、私の非力さゆえに、この思いに充分応えることができていない部分もありはしないかと怖れている。

本書においては、身体的、物質的な様相を帯びた心を扱うという性質上、『太陽の光輝』と呼ばれる中世ヨーロッパの錬金術書から多くの引用を行なった。この文献をめぐっては、おそらくもう一〇年ほども前になると思うが、吉津紀久子（大阪大学附属病院）、橋本朋広（大阪府立大学）、隈元みちる（兵庫教育大学）、稲月聡子（関西労災病院）の各先生方とご一緒させていただいた研究会および呑み会で得たものが大きかった。ここに記して、感謝申し上げたい。いつかこの文献の訳書が公刊できれば、とも考えている。

この本を書こうと思い立ったのは、かれこれ六～七年前のことである。それまで某大手出版社で編集者として辣腕を振るっていた山内俊介さんが、新たに代表として遠見書房を立ち上げられた頃だった。もともとは、別のとある編集者の方に相談していた企画だったが、あやうく漂流しかけたところを、ひょんなことから山内さんに拾っていただいた。このご縁はたいへんありがたいものだったと思っている。

そう思っていながら上梓するまでにこれだけ時間が経ってしまったのは、その間に、はかならぬ私自身の身体系個性化が（遅々たるものではあったが）いかほどか進展しつつあったということが大きい。そのため、書きたいことや書けそうなことが、日を追うごとに変化していって定まるところを知らず、そこそこの着地点を見出すのに若干の苦労が必要だったのである。実際、本書に記したことは、当初の企画の内容からはかなり逸脱している。

にもかかわらず、辛抱強く待っていただき、拍子抜けするほど修正の要求も少なくしてくださった山内さんを、私は「ひゃっほー」と叫びながら強く強く抱き締めたい思いである。遠見書房の立ち上げ当初なら、この本の売れ行きが経営状態に多大な悪影響を与えるのではないかと心配しなければならなかったところだが、今や膨大な数の書籍を刊行する臨床心理学領域屈指の出版社になっているので、すっかり安心してお世話になることができる。

加齢に伴う身体系個性化も味わいつつ
平成二七年霜月
著者識

老松克博（おいまつ・かつひろ）

1984 年，鳥取大学医学部卒業。1992 ～ 95 年，チューリッヒ・ユング研究所留学。現在，大阪大学大学院人間科学研究科教授。ユング派分析家。博士（医学）。

著書：『人格系と発達系』『スサノオ神話でよむ日本人』（講談社），『ユング的悩み解消術』（平凡社），『無意識と出会う』『成長する心』『元型的イメージとの対話』（トランスビュー），『アクティヴ・イマジネーション』（誠信書房），『漂泊する自我』（新曜社）ほか。

訳書：ユング『ヴィジョン・セミナー』『哲学の木』『クンダリニー・ヨーガの心理学』，アスパー『自己愛障害の臨床』（創元社），ファース『絵が語る秘密』（日本評論社）ほか。

身体系《しんたいけい》個性化《こせいか》の深層《しんそう》心理学《しんりがく》

あるアスリートのプロセスと対座する

2016 年 4 月 20 日　初版発行

著　者　老松《おいまつ》　克博《かつひろ》

発行人　山内　俊介

発行所　遠 見 書 房

遠見書房

〒 181-0002 東京都三鷹市牟礼 6-24-12

三鷹ナショナルコート 004

株式会社　遠見書房

TEL 050-3735-8185　FAX 050-3488-3894

tomi@tomishobo.com　http://tomishobo.com

郵便振替　00120-4-585728

印刷　太平印刷社・製本　井上製本所

ISBN978-4-86616-007-8　C0011